KB241906

남미에 가지 않을
이들을 위한 기행

남미에 가지 않을
이들을 위한 기행

가지 않아도 만날 수 있는 지구 반대편 이야기

초 판 1쇄 2025년 08월 12일
초 판 2쇄 2025년 09월 09일

지은이 유원주
펴낸이 류종렬

펴낸곳 미다스북스
본부장 임종익
편집장 이다경, 김가영
디자인 윤가희, 임인영
책임진행 이예나, 김요섭, 안채원, 김은진

등록 2001년 3월 21일 제2001-000040호
주소 서울시 마포구 양화로 133 서교타워 711호
전화 02) 322-7802~3
팩스 02) 6007-1845
블로그 http://blog.naver.com/midasbooks
전자주소 midasbooks@hanmail.net
페이스북 https://www.facebook.com/midasbooks425
인스타그램 https://www.instagram.com/midasbooks

ⓒ 유원주, 미다스북스 2025, *Printed in Korea*.

ISBN 979-11-7355-361-5 03950

값 19,000원

가지 않아도 만날 수 있는 지구 반대편 이야기

남미에 가지 않을 이들을 위한 기행

유원주

미다스북스

Index

1부

잉카의 후손,
잉카의 나라

페루

01 | 아직 못 긁은 복권, 페루의 수도 리마: 노잼도시 리마에서의 한나절

한국에서는 겨울 마지막 꽃샘추위가 심했는데 밤 11시에 도착한 남미의 첫 도시 리마는 덥고 습하다. 역시 지구 반대편이다. 그런데 희한하게도 낯설지는 않다. 말 그대로 지구 반대편 대륙인데도 말이다. 사람들의 모습은 분명 다르지만 무언가 비슷한 인종의 느낌이 난다. 아무래도 남미 원주민은 본래 동아시아에서 알래스카를 통해 이곳으로 왔다고 하니까 말이다. 그런데 이것이 또 반갑다기보다는 묘하게 낯선 느낌도 든다. 아무래도 오랫동안 라틴계와 섞여와서 그런 것인가. 아니면 여러 곳에서 들어온 대로 남미에서는 소매치기는 물론 강도까지도 조심하라 그래서인가. 아아, 이미 편견이 생겼나 보다. 그 와중에 밤늦게 도착한 리마의 호르헤 차베스 국제 공항에서 가까운 곳에 있는 숙소는 마침 우범지대라고 한다. 숙소에서 안전을 위해 제공해 준 택시를 타고 가는 주변 밤거리의 풍경은 정말 넷플릭스 드라마 〈나르코스〉에서나 나올법한 우범지대 거리의 모습이다. 노상에서 술 파티를 벌이고 있는 사람도 어떤 상황일지 안 좋은 상상을 하게 된다. 찝찝함을 뒤로하고 도착한 숙소에서 부랴부랴 정리를 하고 급하게 잠이 든다. 내일을 위해.

해가 밝은 리마 외곽의 아침은 전날 밤에 느꼈던 것과 사뭇 달랐다. 건물 옥상 테라스에서 지켜본 동네는 매우 허름했지만 평온했고 이곳도 사람 사는 곳. 여느 곳들과 다르지 않게 바쁘게들 아침을 시작하고 있었다. 들개들도 부지런히 활보하고 출근하는 사람과 공사장의 인부들 등 한데 섞여 다양하다. 근데 희한한 점이 갑자기 눈에 들어온다. 어젯밤에도 숙소에 휑하니 창이 없어 뚫려 있는 창문이 매우 이상했는데 지금 보이는 다른 건물들도 창문에 창이 반쯤 열린 상태로 고정되어 있다. 벌레도 안 들어오고 도둑도 안 들어오나? 희한한 곳이다. 아침의 여유를 나름 즐기며 간편 조식을 먹으니, 속이 든든하다. 남미에서의 내 첫 식사. 이제 바로 숙소에서 제공받은 택시로 여기서 가장 유명한 관광지이자 유네스코 등록 유산인 리마 역사 지구를 향한다. 누군가 그랬다. 그 도시의 첫인상은 공항과 숙소로 가는 도로라고. 어젯밤 어두워서 보지 못했던 이곳의 도로는 몇 년 전 인도 뭄바이 출장 때 보았던 광경과 너무 유사해 경악을 금치 못했다. 도로의 수용력 대비 과도하게 많은 차에 차선은 더 이상 기능을 하지 못하고 거친 운

    남미에 가지 않을 이들을 위한 기행

전자들은 어떻게든 빈틈을 파고들며 클랙슨을 쉴 새 없이 울린다. 그 와중에 익숙한 현대, 기아자동차가 꽤 많아 요상한 꿈을 꾸는 기분까지 든다. 인도에서 느꼈던 것과 유사하다. 그런 위험한 도로 위에서 과거 한국에서도 교통정체 시 존재했던 도로의 상인들이 여러 물건을 팔고 있다. 벌써 오감이 바쁜 것을 보니 운전도 안 하는데 체력이 소진되는 듯하다.

리마 역사 지구에 도착했다. 직사각형 형태의 광장엔 리마 대성당, 대통령궁, 시청이 서로를 마주 보고 있다. 유럽식 건축물과 정원, 그리고 동상과 조형물들까지. 전혀 낯설지 않다. 마치 바르셀로나의 카탈루냐 광장을 보는 것과 비슷하다. 남쪽으로 한 10분 걸어서 가면 있는 산마르틴 광장도 동일하다. 스페인 문화가 깊숙하게 침

리마 메인 광장(Plaza Mayor de Lima) 중심의 분수대

투한 이곳은 벌써 나에게 너무 익숙한 것인가. 꽤 많이 보이는 중국인 관광객도 그 느낌을 더한 것 같다. 지구 반대편까지 25시간 걸려서 왔는데 별다른 감흥을 못 느끼니 실망감이 든다. 아무래도 이곳까지 왔는데라는 생각이 나의 보상 심리를 자극하나 보다. 우버를 불러 다른 포인트인 신시가지

미라플로레스 지구로 떠나보자. 미라플로레스는 리마의 부촌에 해당한다. 리마에서 숙소 위치를 고를 때도 여기를 하라는 추천을 많이 받았다. 길거리는 비교적 깔끔했고 화이트컬러의 직장인들이 많이 보였으며 슬슬 내가 아는 브랜드들의 상점 등이 존재했다. 남태평양 해변을 끼고 있는 이곳은 또 서퍼들의 성지인가 보다. 서퍼들이 아침부터 좋은 파도를 찾는 데 열심이다. 해변가의 음식점들은 슬슬 오픈 후 이른 점심을 팔고 있다. 몇 년 전부터 부산은 해운대와 해운대가 아닌 곳으로 나뉜다고 하는데 여기도 그런 느낌이지 싶다. 그러나 어느 도시를 가도 그렇듯 신시가지라는 이름의 공간은 특별하지 않다. 깔끔한 거리와 고층 빌딩들, 익숙한 브랜드들. 전 세계 어디를 가든 비슷한 모습이라 특별함이 덜하다. 누가 가이드라인이라도 만드는 것인가. 이렇게 익숙한 곳에서 특별한 경험을 가지려면 현지의 사람을 사귀고 이곳의 문화를 즐겨야 하는데 그것은 쉽지 않다. 당장 오늘 저녁에 쿠스코로 떠나야 하기 때문이다. 내가 할 수 있는 것은 리마에서의 마지막 식사 한 끼를 어떻게 마무리할 것인지 고르는 일이었다.

해변이 보이는 이 식당에서 감자튀김과 구운 바나나, 계란을 곁들인 페루식 닭고기를 먹었는데 꽤나 맛있다. 맛은 있는데 이게 왜 페루식인지는 이해가 되지는 않는다. 오히려 더 인상적인 것은 같이 주문한 잉카 콜라다. 전 세계에서 오직 페루에서만 유일하게 코카콜라를 이겼다는 잉카 콜라라 해서 꽤나 기대했는데 맛이 좀 특이하기는 하다. 색은 환타 파인애플 맛 같은데 그 맛은 마운틴듀와 환타 오렌지를 섞은 맛이라 해야 하나. 사실 잘 모르겠다. 달기도 하고 꽤 맛있다. 거한 식사를 하고 소화를 위해 한 번쯤 가보라는 잉카 마켓까지 걸어 본다. 평일 낮치고는 길거리에 사람이 꽤 많다. 그런데 아까 리마 역사 지구에서 자주 보이던 중국인은 거의 보이지 않는다. 관광지는 아니란 뜻이겠지. 이 거리의 유일한 동양인인 나를 지나가는 사람들마다 다 힐끗 쳐다보는 시선이 느껴진다. 딱히 위협 같은 것은 아니었고 아마도 호기심 정도의 느낌이겠지. 제삼자 입장에서 바라본 리마, 아니 이곳 부촌의 사람들은 꽤나 여유가 있어 보인다. 아침에 본 도로의 차들과는 대비되게 말이다. 곳곳에 있는 공원 벤치는 꽉 차 있고 고양이들은 사람을 두려워하지 않으며 낮잠을 잔다. 리마는 일정상 한나절만 머물게 되어 못 본 것이 많을 만도 한데 딱히 더 기대가 되지는 않는 도시이다. 아마도 출장 등 내 의지가 아닌 상황이어야 다시 방문하게 되지 않을까. 뭄바이나 상하이처럼 말이다.

생각해 보니 리마에 실망한 이유는 이 대륙에 오기 전에 남미 여행 자체를 망설인 이유와 크게 다르지 않다. 남미를 언젠간 가보겠다고 생각해 오긴 했었지만, 막상 이곳 남미는 지금까지 해오던 여행의 테마와 다르기 때문이다. 개인적으로 선호하는 여행 콘텐츠는 역사 아니면 사람이다. 남미 대륙은 역사적으로 봤을 때 잉카 문명 유적이 집중돼 있는 페루, 그중에서도 쿠스코와 마추픽추 근방 외에는 유명도도 접근성도 떨어진다. 그 외, 지금 있는 리마를 비롯한 다른 국가와 도시들은 모두 유럽의 모습이고 볼만한 것은 대자연뿐이라는 평이 대다수였다. 굳이 유럽식 도시들을 여기까지 와서 즐기기에는 성에 차지 않는다. 남미의 첫 도시인 리마가 딱 그런 우려를 그대로 보여준 꼴이 되었다. 아무래도 앞으로 계획된 남미 대륙의 대자연들과 이곳에서 우연히 맺을 인연들, 그리고 축구장에 기대를 걸어보아야겠다.

다시 리마의 이야기로 돌아와 보자. 개인적으로 큰 매력을 느끼지 못하는 리마는 아무래도 많은 개발도상국의 대도시들과 같이 특색 없고 복잡하며 난개발이 난무하다. 또 최근엔 베네수엘라 난민 유입이 많아지면서 치안도 믿지 못한다고 하니 안타까울 뿐이다. 여느 남미 국가들처럼 복잡한 정치 상황이 간접적으로 드러난 듯하다. 그 와중에 신기한 점은 사람들의 생각은 비슷하다는 것이다. 대부분 한국인 남미 여행객들에게 리마는 여행의 시작점이거나 종착점, 또는 페루 내 다른 관광지로 가기 위한 중간 기착점 정도의 역할이다. 그런데 이것을 거꾸로 생각해 보면 리마는 수많은 사람들이 거칠 수밖에 없는 남미 대륙 서쪽 허브이다. 여행 일정을 계획할 때 리마를 건너뛸 수 있으면 그랬겠지만 그럴 수가 없다. 그만큼 이곳의 위치는 더할 나위가 없는 것이다. 심지어 태평양까지 끼고 있는 리마는 가지고 있는 기회가 어마어마한데 치안 불안과 엉망인 교통망, 복잡한 정치 상황과 콘텐츠 부족 등으로 그 잠재력을 잘 살리지 못하고 있다는 생각이 많이 든다. 아, 오히려 이런 장점들 덕분에 이 정도를 유지할 수 있는 것인가. 안타까운 마음을 뒤로하고 다음의 리마는 내게 다른 모습으로 다가왔으면 한다. 다음 목적지인 잉카제국의 옛 수도 쿠스코는 어떤 감흥을 안겨 줄까. 기대를 안고 이제 쿠스코로 떠난다.

02 | 페루인들의 자존심 잉카 문명:
마추픽추와 성스러운 계곡

마추픽추 전에 먼저 맛본 잉카, 성스러운 계곡 투어

2월 14일 (3일차)　남아메리카 - 페루 - 쿠스코 - 성스러운 계곡 투어

　　이번 여행은 크게 세 파트로 나뉜다. 마추픽추 등 잉카 문명과 우유니 사막지대, 파타고니아 그리고 마지막으로 아르헨티나와 브라질의 대도시들이다. 그중 가까워진 마추픽추 일정은 이번 남미 여행의 아주 큰 이벤트 중 하나다. 마추픽추를 방문하는 과정은 매우 매우 복잡하고 번거롭다. 다음 두 문단은 마추픽추를 어떤 과정으로 움직이는지 설명하는 것이니 관심 없는 사람은 건너뛰어도 무방하다.

　　먼저 이곳 해발고도 3,300m에 달하는 쿠스코에서 고산지대에 적응을 조금 한 다음 잉카 문명의 흔적들을 볼 수 있는 성스러운 계곡 투어를 한다. 이는 흔히들 성계 투어라고 줄여 부르며 일정에서 굳이 제외해도 되지만 보

페루 전통복을 입은 친체로의 현지 주민

통 마추픽추 방문의 연속성을 위해 같이 방문하는 편이다. 쿠스코에서 마추픽추를 향하는 길목에 있기도 하니 말이다. 이 투어가 끝나면 오얀따이땀보라는 도시를 방문해 잉카의 최후 격전지 요새를 볼 수 있다. 이 과정들만 약 하루 가까운 시간이 소요된다. 당연히 이 과정이 끝이 아니다. 이곳에서 바로 마추픽추로 향하는 유일한 교통수단인 1시간 40분 소요되는 기차를 타야 한다. 유일한 교통수단이기 때문에 꽤 비싸고 이외의 방법은 트레킹밖에 없다. 이 기차에서 내리면 산 아래 위치한 마추픽추의 관문 아구아스 칼리엔테스에 도착한 것이다. 그제서야 긴 하루를 끝내고 숙소에서 쉴 수 있다.

다음날은 아침 일찍부터 메인 이벤트인 마추픽추로 향한다. 산을 올라야 하는데 여기서도 두 가지 선택권이 있다. 걷거나 버스를 타거나. 물론 시간이 여유롭고 자연을 즐기고 싶다면 걷는 것을 선택해도 좋을 것이다. 아니 걷는 것이 아니라 등산이 더 적절한 표현이겠다. 마추픽추 입구에 도착하면 선택한 서킷에 따라 투어를 진행하게 된다. 서킷마다 코스가 다르며 소요 시간이나 난이도도 다르다. 마추픽추 투어가 끝나면 또 지금까지 해온 루트의 역순으로 쿠스코로 복귀한다. 물론 성계 투어를 또 하진 않는다. 어떤가, 읽어 보기만 해도 선택과 결정해야 하는 것들이 한두 개가 아니지 않은가. 게다가 이 각각의 것들을 준비하는 과정은 전혀 일련적이지 않고 각각 해당되는 채널에서 적절한 시기에 선택하고 구매해야 한다. 그래서 나는 이것들을 보고 통합 투어 상품을 구매했다. 안 그래도 전체 남미 여행 일정 관리도 복잡다단한데 마추픽추 하나에 약간의 비용을 더 투자하고 비교적 편하게 즐기는 게 훨씬 효율적이라 판단했다. 그리고 그 선택은 옳았다.

후루룩 지나간 성스러운 계곡 투어 중 개인적으로는 고대 잉카 도시인 친체로(Chinchero)가 가장 기억에 남는다. 왕궁이나 사원이 아닌 정말 잉카의 백성들이 살았던 곳이라는 것에서 상당히 흥미롭다. 산속에 탁 트인 경작지와 정교하게 맞춰진 벽. 아마도 이게 진짜 잉카의 모습이지 않을까. 참고로 잉카 최고의 기술 집합체인 마추픽추는 잉카 황제의 숨겨진 산속 요새로 그 성격이 많이 다르다. 그 외 살리네라스 염전은 '우와~ 산속에서 염전이 이렇게 가능하구나.' 정도였고 오얀따이땀보의 잉카 최후 격전지 요새도 그냥저냥 볼만했다. 별 감흥이 없었던 이유는 아무래도 오기 전에 한국에서 준비한답시고 유튜브와 여행 프로를 너무 많이 본 것이 아닌가 싶다. 불현듯 마추픽추는 이런 시시한 느낌이 들지 않길 간절히 바라게 된다. 사실 성계 투어는 그 자체보다 이 투어에서 만난 사람들이 더 흥미로웠다. 가이드를 제외하고 나 포함 14명이었는데 국적도 독일, 네덜란드, 일본, 프랑스, 중국, 그리고 다국적 게이 커플 등 다양하다. 홍콩 옆 선전에서 온 짧은 영어로 힘겹게 따라다니는 중국인 중년 부부는 내내 손을 꼭 잡고 다닌다. 프랑스 친구는 리옹 출신으로 자신의 도시에 대해 무한한 자부심을 가지고 있지만 지구온난화로 고향이 너무 더워져서 큰일이라고 한다. 직업은 엔지니어인데 아시아에서 직업을 구하고 싶다고 한다. 문화나 외국인에 대한 개방성 등을 고려할 때 싱가포르나 홍콩으로 좁혀지는데 최근 몇 년 동안 지속적으로 정치적 혼란 속에 있는 홍콩보다 싱가포르를 추천해 줬다. 다국적 게이 커플은 캐나다인과 한국인이었는데 그 이후에도 몇 번 마주쳤지만 내내 둘만 다니는 것으로 보아 동성애에 억압적인 사회에서 벗어나 여행지에서 자유를 만끽하는 것으로 보였다. 그리고 또 한국인 친구들도 있었다. 외국에서 우연히 알게 되는 한국인은 처음에는 약간의 경계를 하지만, 이내 타지에서 묘한 안정감을 느끼게 해준다. 같은 문화와 한국에서의 상황을 기반으로 현지에서 비슷한 느낌들을 받기 때문에 서로 공감도 잘 되고 또 때로는 도움도 많이 된다. 게다가 한국인들이 보통 사진도 잘 찍는다. 이날 이후로도 여기서 만난 또래 한국인 친구들과 세 번 정도 더 마주쳐서 식사도 하고 꽤 많은 대화를 나누었다. 이렇게 새로 만들어진 인연들은 새삼스럽게도 늘 신기하다. 이렇게 여행을 하게 되면 한국인 외국인을 떠나 그 순간은 짧지만 이런 다양한 관계를 이어가고 삶을 공유하는 것을 즐기게 된다. 각자의 삶의 요약본을 공유하며 간접경험을 하는 것만 해도 나의 삶이 더 풍족해지기 때문이다.

정작 잉카인들은 존재조차 몰랐던 비밀 요새, 고고학자들의 놀이터 마추픽추

2월 15일 (4일 차) 남아메리카 - 페루 - 아구아스 칼리엔테스 - 마추픽추

그저께 쿠스코에 도착한 뒤부터 계속 느껴지는 고산병의 증세인 약간의 두통과 무력감이 남아있다. 위생 관념이 한국과 많이 다른 마추픽추의 입구 아구아스 칼리엔테스 숙소는 아늑한 곳은 확실히 아니었다. 텐션을 끌어올려 오늘 마추픽추는 즐겨야지. 그런데 아침부터 비가 온다. 오늘 내내 계속 온다고 한다. 어휴, 마추픽추는 날씨가 다 한다는데 조졌다 이거. 그런데 여행이 참 오묘한 것이 이 비로 인해 여행에서의 새로운 인연을 만났다. 지연된 마추픽추행 버스를 기다리며 우연히 유럽에서 온 커플과 친해진 것이다. 둘은 암스테르담에서 거주하고 남자는 불가리아, 여자는 루마니아 출신이라고 한다. 나이는 안 물어봤지만 20대 중반 정도로 보인다. 둘의 남다른 애정행각과 더불어 다른 대륙의 남반구까지 같이 여행을 올 정도인 사이인 것을 보았을 때 꽤나 깊은 관계인 것을 알 수 있었다. 둘은 성격도 매우 긍정적인 사람으로 누구나 좋아할 호감 상이다. 유럽에 와봤는지, 암스테르담과 루마니아, 불가리아에 와봤는지 물어본다. 과거 암스테

르담과 로테르담을 여행했던 추억을 공유해 주니 신기해하며 본인들도 내년엔 한국에 갈 계획이 있다고 한다. 날씨에 대해 걱정 반 불평 반 서로 얘기하면서 튼 대화가 점점 다채로워진다. 대충 알고 있는 사실이지만 외국인들이 한국에 대해 궁금해하는 포인트는 늘 신선하다. 먼저, 한국 여행 최적기가 언제인지 궁금해한다. 나는 봄인 4~5월과 가을인 9~10월을 추천했다. 그리고 한국에서는 모든 식당이 고기를 직접 굽는지 궁금해하며 신기해한다. 또 서울이라는 큰 도시에 그렇게 하이킹할 산이 많다는 것에 또 놀란다. 약 1천 년이라는 긴 기간 동안 수도였던 역사를 가진 도시인 것에도 흥미를 보인다. 세계적으로 이런 복합적인 콘텐츠를 가진 도시는 흔치 않은 게 새삼 자랑스럽다.

도착한 마추픽추의 입구는 운이 좋게도 비는 거의 그쳤지만 안개가 짙다. 가이드는 걱정하지 말란다. 안개는 싹 걷힐 테니. 어제 성계 투어의 가이드와는 분명 다른 사람인데 정부의 공인을 받은 페루 현지인 가이드들은 잉카 유적과 그 후손이라는 사실에 대해 무한한 자부심을 가지고 있다. 아무래도 정부의 공인을 받을 수 있는 요건 중의 하나인가 싶다. 아시아와 유럽 등 구대륙과 단절된 독자적인 문명을 구축한 조상들의 기술력과 유산에 상당한 경외심을 보여준다. 이 경외심이 조금 과하긴 하지만 이것도 또 재미있는 포인트이긴 하다. 거기에 소위 잉카 뽕에 취한 몇몇 여행자들의 질문은 그를 더욱 즐겁게 한다. 문제는 아무래도 나다. 가이드가 하는 얘기가 대부분 남미 여행 전 공부한답시고 유튜브에서 봤던 내용들이다. 뭐가 진실인지는 모르겠지만 과장도 섞인 듯하다. 아, 예상된 결말은 노잼인데 안개가 걷혀 온전히 드러난 마추픽추가 나에게 약간의 감동도 주지 못하면 어떡하지 싶다. 안개가 걷힐 때까지 가이드가 시간을 끄는 것인지 계단식 층으로 구분되어 있는 관람 포인트마다 설명과 사설이 길어진다. 그러다 드디어 맨 위층에 도달했을 때인가, 마치 몰래카메라인 양 귀신같이 안개가 거짓말같이 대부분 걷혀있다. 놀라운 타이밍이다. 뭐가 됐든 가이드의 센스와 인내심에 내적인 감탄을 멈출 수 없다.

안개가 어느 정도 걷힌 마추픽추는 신비하다. 오히려 남아 있는 안개가 신비로운 분위기를 더해준다. 유난히도 가파른 마추픽추 근처 산봉우리들 사이에 있는 마추픽추의 위치 또한 공교롭게도 신비하다. 그동안 보았던 사진과 영상과 너무 똑같아서 식상한 감이 없지 않았지만 그래도 역시 명소는 명소다. 개인적으로는 마추픽추 자체보다 마추픽추를 둘러싼 주변 산봉우리들이 매우 인상적이다. 안개가 한몫한 것 같은데 정말 보자마자 영화 〈아바타〉가 떠오른다. 동양권으로 따지면 마치 무릉도원 같은 느낌이라 할까. 유난히도 가파른 산봉우리가 이국적도 아닌 외계 행성 형상의 느낌을 준다. 이곳은 아주 아이러니하게도 과거 잉카인들은 생전 존재조차 모르는 곳이었다. 잉카 지도층의 비밀기지이자 요새였으니 그럴 만도 하다 싶으면서도 씁쓸함도 함께

한 눈에 들어온 마추픽추. 안개가 오히려 신비로운 분위기를 만들어 준다.

한다. 결국 우연한 기회에 발견되지 않았더라면 더 오랜 세월 산속 깊숙이 숨어 있었겠지.

　마추픽추 내 벽돌로 지은 수많은 건물은 각각 의미를 가지고 있었다. 신전과 창고, 숙소 등등에 또 조형물이 가지고 있는 각각의 의미, 천문대와 해시계 등 말 그대로 잉카 고위층이 소유한 기술과 종교의 집합체였다. 이러니 고고학자들이 환장할 수밖에. 희한하게도 통용된 문자가 없는 잉카 문명은 기록된 역사도 없고 그나마 남아있는 유적과 흔적들은 고고학자들의 엄청난 상상력을 불러일으킨다. 또 발굴이 계속해서 진행된다면 언젠가 잉카의 문자로 새겨진 사서가 발견될 수도 있지 않겠는가. 그랬으면 좋겠다. 어느새 가이드와 함께하는 마추픽추 내부 전체를 도는 서킷은 마무리가 되었다. 나는 무리와 떨어져 미리 준비한 다른 트랙으로 따로 떠난다. 이 트랙은 마추픽추 전경 사진에서 뒤쪽에 우뚝 솟아 있는 산봉우리인 와이나픽추의 정상을 오르는 것이다. 그것도 나 혼자. 마추픽추 구간보다 약 300m 높게 위치한 정상은 서울에서 인왕산, 북악산 정도의 높이지만 시작점 자체가 2,500m가 넘는 고도이다 보니 길이 있나 싶을 정도로 매우 가파르다. 오히려 좋아. 등산할 맛 난다. 확실히 3,500m 고지의 쿠스코에 있다가 아이러니하게도 1,000m 아래의 고도에 있는 마추픽추로 내려오니 호흡은 훨씬 순조롭다. 올라가는 길에 어제 성계 투어에서 만났던 두 한국인 관광객을 또 각각 만났다. 이것

참, 이 정도면 인연 아닌가. 이따 점심이나 같이하기로 한다. 35분 만에 도착한 정상. 생각보다 좁고 마치 북한산의 여러 봉처럼 화강암으로 좁게 구성되어 있다. 가장 기대했던 와이나픽추 정상에서 바라본 마추픽추 조망은 아쉽게도 엄청난 안개로 인해 보지 못했다. 아무래도 마추픽추 전경을 처음 구간에서 본 것에 운을 다 썼나 보다.

정상에서 어느 정도 시간을 보내고 하산하는 길, 나랑 비슷한 속도의 한 외국인과 말동무가 되었다. 85년생인 이 캐나다 국적의 여성은 홀로 페루에 왔다고 한다. 자신은 남미 원산지의 식물인 코카나무의 잎으로 할 수 있는 비즈니스를 찾고 있는데, 그러면서 나에게 코카잎 몇 개를 주며 씹어보라고 한다. 씹은 다음 삼키지 않은 약간의 반죽된 상태로 아랫니 치아 옆에 놔두라고 한다. 고대 잉카인들은 이 방식으로 고산병을 이겨냈다고 한다. 계속 대화를 해보니 그녀는 베지테리언이라고 한다. 소개해 준 쿠스코의 맛집은 나중에 보니 모두 비건들을 위한 곳이었다. 그녀는 또한 명상을 즐기고 40대 초반의 빛이 나는 솔로 생활을 하고 있는 듯했다. 보통 외국에서 여행 온 외국인을 만나면 부담스럽지 않게 다가가 말을 걸게 된다. 그들도 타지에서 친구를 만드는 데 거부감이 없다. 또, 대부분 영어가 모국어가 아닌 유럽 출신이 많고 한국에도 관심이 많기 때문에 서로 흥미를 느끼고 대화도 꽤 수월한 편이다. 그런데 미국, 영국, 호주, 캐나다 등 영미권 사람들은 다르다. 그들과 영어로의 대화는 상당한 심적 부담이 생긴다. 어휘 수준도 다르고 관용적 표현도 수준이 다르기 때문이다. 거기에 지역별 발음의 특성까지 더하면 뭐, 말할 것도 없다. 근데 이 친구는 다르다. 뭔가 부드럽게 말도 잘 통하는 느낌이었고 부담도 덜 했다. 알고 보니 본인의 새어머니는 한국 사람이고 과거에 한국인 남자 친구도 사귀어 보았다고 한다. 아마도 나의 레벨에 맞춰서 대화를 한 것이 아닌가 싶다. 역시 세상은 넓고 사람들은 다양하다. 하산 후 여행에서 만난 사이답게 쿨하게 작별하고 마추픽추 여정을 마무리한다. 우당탕탕 이번 남미 여행의 큰 이벤트 중 하나인 마추픽추가 이렇게 끝났다. 큰 일정 하나를 마치니 온몸에 피로감이 몰려온다. 이제 엉망진창인 도로와 함께 쿠스코로 복귀해 내일은 좀 쉬어야겠다.

03 | 평화로운 옛 제국의 수도, 쿠스코에서 마무리하는 페루에서의 여정

면도를 안 한 지 5일 차, 진짜 현지인의 모습이 다 되어 간다. 어쩐지 밤에 돌아다녀도 외지인에 대한 위협 따위 없었다. 27일간 내 수염은 어디까지 자랄지 궁금하다. 오늘은 그렇게 한결 편안한 마음으로 온전히 쿠스코에서만 머무는 날이다. 남미에서 가장 오래된 이 도시는 나에게 무엇을 보여줄 것인가. 잉카의 오랜 옛 수도인 만큼 잉카 유적과 더불어 스페인 식민지 시절 이식된 가톨릭의 유산들도 섞여 있는 점이 흥미롭다. 굳이 유사한 도시를 찾자면 오스만제국의 이슬람과 동로마 제국의 가톨릭이 섞인 이스탄불을 꼽을 수 있을까.

리마와 아주 유사하게 이곳 쿠스코의 구도심에도 가톨릭 양식의 건축물이 둘러싸고 있는 광장이 있다. 이 광장의 이름은 아르마스. 이곳은 움푹 팬 분지 지형의 중심지로 쿠스코에서 가장 유명한 곳이자 관광객과 상인들이 모이는 중요 공간이다. 이곳의 첫인상은 또다시 미디어다. 여행 예능 프로그램 〈지구마불 세계여행 2〉에 출연한 강기영 배우와 유튜버 곽튜브가 마추픽추 가기 전에 들른 곳으로 오렌지색 지붕들이 인상적인 예쁜 도시의 이미지로 남아있다. 그런데 이 프로그램에서 이것보다 더 인상적이었던 것은 곽튜브의 심한 고산병 증세였다. 강기영 배우는 아무렇지 않아 보이는데 곽튜브는 매우 고통스러워 보였고 결국 산소 캔까지 구매하는 모습이 꽤나 충격이었다. 한반도에서 가장 높은 산인 백두산(2,755m) 정상에서도 고산병 증세가 있는 사람들이 있다는데 하물며 3,500m 고도에 있는 이곳은 어떻겠는가. 나로서는 며칠 전 쿠스코 도착부터 지속된 약간의 두통과 불면증이 함께 있는 경미한 증상이라 행운인 편이다. 아무래도 쿠스코보다 고도가 낮은 마추픽추(약 2,500m)에서 전반적으로 적응이 된 모양이다. 그건 그렇고, 영상에서 봤던 쿠스코의 모습은 내가 직접 본 것과는 조금 달랐다. 아마도 이놈의 산발적인 비와 구름 덕인 듯하다. 아무래도 여름 시즌 우기이긴 하지만, 그중에서도 하필 장마 시즌에 온 것이 아닌가 묘하게 억울하다. 뭐 그래도 젖을 정도의 비도 아니고 고산지대의 강한 햇빛을 피하기 위해 선크림을 덕지덕지 바를 필요도 없으니 긍정적으로 생각하고 받아들인다.

다시 본론으로 돌아와 아름다운 도시 쿠스코를 쭉 둘러본다. 잉카 유적인 삭사이와망이나 코리칸차는 내 관심사가 아니다. 어제의 강행군으로 오늘은 그냥 평온하게 쉬고 싶다 보니 그냥 이 예쁜 도시의 조망을 한눈에 담는 곳으로 향한다. 그중 가까워 보이는 삭사이와망의 입구 쪽에 있는 산크리스토발 전망대(Mirador de Sàn Cristobal)를 선택했다. 이곳으로 가는 길은 등산에 맞먹는 가파른 오르막 코스인데 확실히 평소보다 숨이 더 많이 찬다. 아, 고산지대의 위엄이란. 이곳엔 꽤 많은 사람들이 있다.

산크리스토발 전망대에서 바라본 아르마스 광장

페루인과 외국인이 섞여 있고 각자 좋은 위치에서 사진을 찍기 위해 줄을 서고 기다린다. 사진은 무슨. 난간에 걸터앉아 도시 전체를 바라본다. 아, 이곳이 명당이다. 오렌지색으로 일관된 지붕들은 도시 외관의 통일성을 갖춰 깔끔한 느낌을 준다. 유튜브에 몇 안 되는 구독 채널인 건축가 유현준 교수 채널에서 이런 건축 자재와 색의 통일성이 주는 안정감이 크다고 했던 것이 새삼 와닿는다. 이곳에서의 평화는 온전히 나만의 것이다. 오늘은 혼자만의 시간을 갖기로 했으니 내 평화가 방해받지 않길.

한참 동안 도시 전경을 바라보다 아르마스 광장으로 다시 돌아와 벤치에 앉아 또 다른 여유를 만끽한다. 이 행위는 내가 하는 홀로의 여행에서 꽤 좋아하는 부분이다. 지금 이 글도 이렇게 앉아서 쓰고 있다. 중심지답게 여러 대륙에서 온 듯한 사람들이 보인다. 그에 맞게 무언가 파는 현지인도 많다. 위생이 어떤지 알 수 없는 과일 주스와 아이스크림 그리고 구두닦이와 그림을 파는 사람, 서울 남산 정상에서 보았던 사진 촬영 등 종류도

산 페드로 시장의 상인들. 가장 자주 본 현지인들의 모습이다.

다양하다. 앞에 이스탄불 얘기를 했던가. 이곳은 이스탄불 아야 소피아 앞 술탄 아흐메트 광장을 떠올리게 한다. 일정 맞추기에 급급한 성향이 많은 우리들에게 여행자의 여유를 주는 점에서 말이다. 뜬금없이 친한 척하며 호객행위를 하는 것도 비슷하다. 물론 이쪽이 좀 더 순수한 의도로 보이긴 하지만 말이다.

아침에 맡긴 며칠간의 세탁물을 찾고 어느 도시에서나 현지인의 삶을 직

접 눈으로 볼 수 있는 전통시장인 산페드로 시장을 방문한다. 이곳은 정말 말 그대로 현지인의 삶 그 자체다. 우즈베키스탄 타슈켄트의 그랜 바자르와 매우 유사한 느낌이다. 기념품을 파는 곳들 외에 식료품, 고기, 음식들을 파는 곳도 있는데 더욱더 로컬을 느낄 수 있게 한다. 확실히 도시 내 일반 상점들보다 저렴하다. 퀄리티는 보장할 수 없지만 말이다. 이 또한 전통시장의 매력 포인트다. 시장에서 본 페루인들은 피부가 검은데 주름이 깊고 표정이 적어 삶이 매우 고단해 보인다. 페루 여성들의 경우엔 전통 의상을 입는 경우가 많은데 우리나라로 치면 아마 일상 한복을 즐겨 입는 노인분들을 떠올리면 이해가 쉬울 듯하다. 시장을 쭉 둘러보니 시장 내부의 상점들은 상대적으로 컨디션이 꽤 쾌적해 보인다. 지붕도 있어 비와 햇빛을 피하고 앉아 있을 수도 있기 때문이다. 그러나 시장 바깥 편의 상황은 녹록지 않다. 끊임없는 자리싸움과 또 우기라 언제 올지 모르는 비로 채소 등 식료품을 주로 파는 상인들에겐 이걸 피하는 게 꽤 고역일 듯하다. 다들 힘겹게 고단한 삶을 이끌어 가고 있지만 이곳은 또 시장 특유의 역동성도 볼 수 있다. 시장 안보다 시장 입구 초입부터 건물 바깥까지 아주 시끌벅적해서 정신을 차릴 수 없다. 기가 좀 빨리긴 하지만 이것이 외지인이 느낄 수 있는 이국적인 매력 아니겠는가. 조금 더 둘러보고 득템 기회를 노려야겠다.

페루 Peru

수도	리마 Lima
인구(2025)	3,458만 명
국토 면적	1,285,216㎢(우리나라의 약 13배)
민족 구성	메스티소 60%, 아메리카 원주민 26%
종교	가톨릭 76%, 개신교 18%
공용 언어	스페인어, 케추아어, 아이마라어

경제 규모

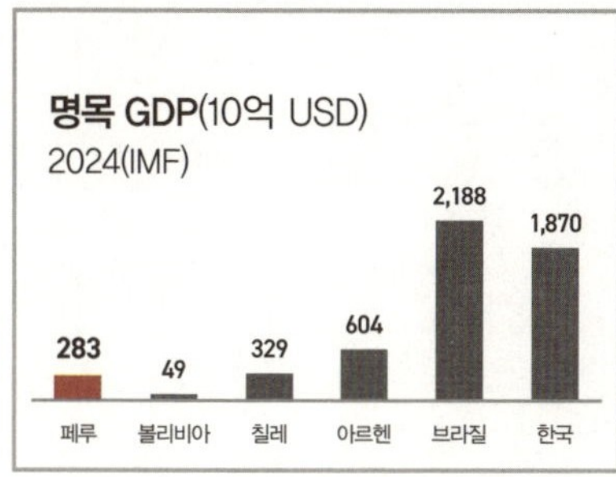

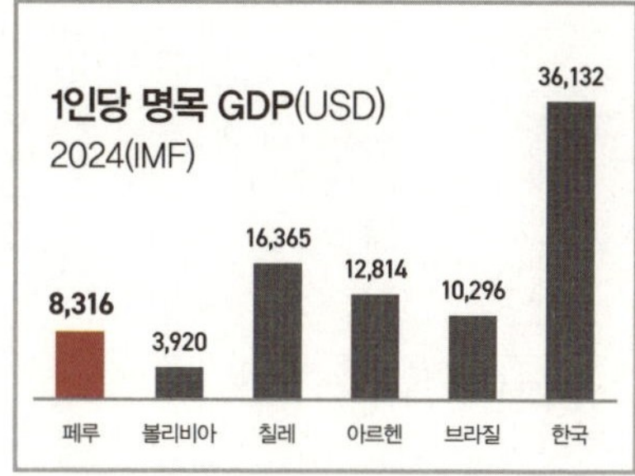

무역 규모

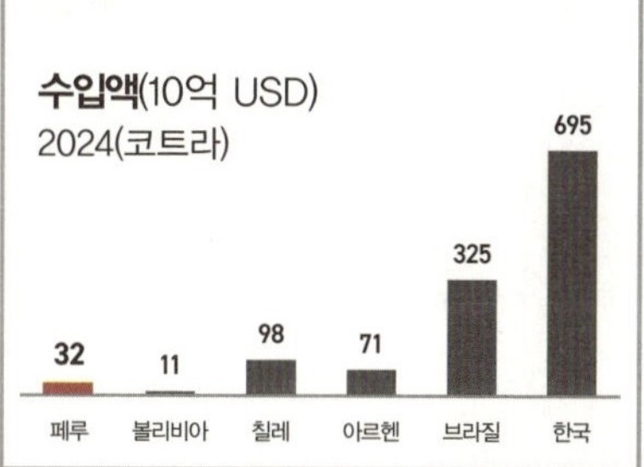

수출 품목: 구리 35%, 금 15%, 과일 10%, 아연 7%, 기호농산품 6%

수입 품목: 석유제품 13%, 자동차 10%, 기계 9%, 곡물 8%, 의약품 5%

2부

사람의 손이 닿지 않은 진짜 자연,

볼리비아의 사막

04 | 사랑할 수밖에 없는 도시
라파스

지구 반대편에서 마주한 어린 시절 서울의 모습

이제 페루를 떠나 볼리비아의 수도 라파스로 향한다. 페루 쿠스코를 떠나는 비행기 안에서 또 새로운 사람과 만났다. 그는 두툼한 콧수염이 인상적인 50대 볼리비아인이다. 넷플릭스 드라마 〈나르코스〉에서 나온 콜롬비아 희대의 마약상 파블로 에스코바르를 닮은 이 남성은 그 주위 무리들과 진짜 마

약상들과 같은 분위기를 풍겼다. 당연히 편견이겠지만 말이다. 미디어가 주는 영향이 이렇게나 무섭다. 처음에는 최소 운반책이려나, 마약상이면 이런 이코노미석 비행기는 안 탈 텐데, 나는 현금을 어디에다가 뒀지 등 별 생각이 다 들면서 경계심이 생겼다. 그런데 웃긴 것은 그도 처음엔 나를 살짝 경계하는 모습을 보였다. 그러더니 나에게 쿠스코가 어땠는지 물어본다. 그러고는 혹시 중국인이냐고 아주 조심스럽게 또 물어본다. 꼬레아노라고 말하니 엄청난 화색을 띠며 갑자기 양손으로 악수하며 너무 잘 됐다고 한다. 뭐가 잘 된 건지는 모르겠다. 중국인이 아니어서 좋은 건지, 한국인이라서 좋은 건지. 아무튼 좋아한다. 그러더니 북한 사람 아니지라는 농담을 하며 크게 웃는다. 이제 남한, 북한 출신을 진지하게 물어보는 것은 외국인 사이에서도 꽤나 무식하고 무례한 질문인 것을 의식하나 보다. 듣던 대로 볼리비아 사람들은 친절하고 순수한 느낌이다. 벌써 라파스가 기대된다.

쿠스코–라파스 간의 유일한 이 항공편은 뜬금없이 콜롬비아 국적기인 아비앙카다. 또 희한하게도 이 구간은 6~70년대생의 중국, 한국 국적의 중년 단체 관광객이 대다수다. 이들과 함께 도착한 라파스의 엘 알토 국제 공항의 입국 수속 행정 처리는 개발도상국답게 매우 답답하다. 그 와중에 들리는 몇몇 한국어 대화들은 어느 줄이 가장 빠를까 심각한 토론이었다. 어차피 단체 관광이라 다 같이 가야 해서 빠른 줄이 큰 의미가 없는데 참 한국인답다는 생각이 든다. 중국인들의 대화는 이해할 수가 없으니 행동으로만 보였는데 아무렇지 않게 새치기하거나 목소리가 크다. 오늘도 편견 하나를 추가한다.

　힘겹게 탈출한 공항을 나와 호텔로 가기 위해 택시를 부른다. 어제까지의 페루에서는 우버를 아주 편하게 사용했는데 여기서는 우버 대신 인드라이브(inDrive)라는 앱을 사용한다. 앱의 사용 방식이 워낙 독특했는데 또 꽤나 효율적이라 비즈니스적으로 신선하다. 먼저 내가 원하는 목적지를 앱에 입력하면 출발지 근처에 드라이버들이 각각 금액을 입찰한다. 사용자 입장에서는 운전기사의 사진, 성명, 평점, 차종 그리고 입찰 금액이 뜨는데 이것들을 내가 종합적으로 판단해 원하는 기사를 선택하면 된다. 국내에서 중고차 판매 앱을 통해 매각해 본 사람은 이런 경매 방식의 시스템에 대해 더 이해가 빠를 것이다. 그런데 인드라이브 앱의 또 다른 특이점은 현금 결제라는 것이다. 볼리비아 내국인만 사용할 수 있는 QR 결제 등의 선택권도 있지만 우버 등의 기존 택시 앱처럼 신용카드 사용은 불가하다. 볼리비아에서는 신용카드 결제가 거의 불가한 점을 봤을 때 이해가 되긴 한다. 사실 우버 앱도 사용 가능하긴 한데 인드라이브 앱과 우버와 동일 구간을 가격 비교해 보니 인드라이브가 2~30% 더 저렴하다. 거의 현금 결제 기반인 인드라이브 앱의 수익모델이 뭔지는 모르겠으나 꽤 인상적이다. 어느 곳보다 자본주의와 멀어 보이는 이 국가에 가장 자본주의적인 시스템이라니. 아이러니하다.

쿠스코보다도 약 1,000m 높은 고도에 있는 라파스에 도착하니 또 약간의 두통이 느껴진다. 쿠스코에서 대충 적응돼서 괜찮을 줄 알았는데 역시 더 높은 고도는 어쩔 수 없나 보다. 라파스는 쿠스코와 비슷하게 분지형이고 구성도 비슷한데 그 형태가 훨씬 더 극단적이다. 구글맵을 지형 버전으로 보면 알겠지만 매우 가파른 분지 지형이다. 볼리비아는 국력이 약해 이웃 국가인 칠레로부터 해안가 도시를 뺏겨 바다가 없는 내륙 국가 특유의 비자발적 고립성을 띠는데, 행정수도인 라파스도 공교롭게 그런 형태가 되어버린 셈이다. 여기서 고립성이란 교통과 무역의 제한으로 인한 경제적 문화적 상대적인 낙후성을 의미한다. 그런데 이 특유의 고립성이 역설적이게도 내가 라파스를 좋아하게 된 가장 큰 이유가 되어버렸다.

라파스는 나에게 적지 않은 충격을 주었다. 누군가는 이해가 안 되겠지만 개인적으로는 마추픽추보다도 더 인상적이었다. 오후 시간에 돌아다닌 라파스의 시내는 내가 아주 어릴 적 엄마 손을 잡고 보던 90년대 초중반 서울의 모습과 너무 닮아 있다. 건물마다 어두운 시멘트색에 물때가 묻어 있으

기시감에 몇 번이나 지나친 라파스의 한 골목

면서 길거리에 늘어져 있는 잡지와 신문을 파는 노점상, 휴
대폰 게임이 아닌 공놀이를 하는 중학생 정도로 보이는 아
이들, 어딘가 촌스러운 패션들, 신호등이 있지만 무단횡단
하는 사람들, 언젠가 영상에서 보았던 낡은 올드카들. 이 느낌이 어느 정도
였냐 하면 마치 타임머신을 타고 홀로 덩그러니 과거로 와 공간적으로도 시
기적으로도 완전한 이방인이 된 느낌이다. 이 상황을 주인공이 이미 인지
해 버린 〈트루먼 쇼〉 영화라고 해야 하나. 그 와중에 도시 중심부인 산프란
시스코 교회 광장 건너편에 있는 건물 옥상 위 커다란 삼성 갤럭시 S25 AI
광고판은 마치 꿈속에서 고증 오류를 발견한 듯한 이질감을 주었다. 그런
데 이런 일련의 느낌과 감정이 가져오는 이 충격들은 부정적인 것이 아니
다. 정말 말 그대로 묘하게도 나의 어린 시절의 주변 모습을 떠오르게 하는
이 도시를 어떻게 부정적으로 볼 수 있을까. 이 비슷한 느낌을 비교적 최근
에 서울에서도 느낀 적이 있다. 업무차 방문했던 강서구의 대한항공 본사
와 광진구의 동서울 버스터미널에서 말이다. 단군 이래 가장 풍요로운 시
기를 보내고 있는 우리나라는 너무나도 새것을 선호하여 과거의 것을 그냥
놔두지 않는다. 그래서 라파스가 나에게 이런 느낌을 더 강하게 준 것이 아
닐까. 이 기분을 다시 느끼고 싶으니 갔던 길을 한 번 더 돌아보아야겠다.

10년 뒤에도 이곳은 이 모습일까

나에게 적지 않은 충격을 준 라파스는 낮에도 그 느낌이 다르지 않다. 관악산 높이의 고원이 둘러싸고 있는 이 분지 도시는 난개발로 인한 빽빽한 건물과 좁은 도로로 인한 심각한 교통체증, 매연 냄새가 상존한다. 90년대 서울의 모습이 계속해서 떠오른다. 여기에 이질적이면서 또 조화로운 케이블카의 모습까지 더해져 참 보면 볼

볼리비아에서는 이런 전통복장의 현지인을 많이 볼 수 있다.

수록 신기한 도시다. 볼리비아는 여느 내륙 국가들처럼 저렴한 해상운송이 불가하여 수입품이 비싸다. 그래서 그런지 도시 내 유명 프랜차이즈 브랜드나 수입품들은 찾아보기 힘들다. 3일 동안 라파스에 머물면서 본 아는 브랜드는 코카콜라뿐이었다.

비슷한 이슈로 이곳에선 미국 달러가 아주 귀하다. 바다가 없어 무역이 힘든 곳이니 수입품은 비싸고, 달러화가 순환이 잘 안되니 금융은 말할 것

도 없다. 신용카드가 되는 곳은 아직 보지 못했다. 어째 주변 국가들과 격
차가 더 벌어지는 느낌이다. 이곳에는 암환율이라는 것이 있다. 그렇게 여
행을 다녀도 처음 본 개념인데 아마 유럽이나 동남아에도, 심지어 우리나
라 명동 등에도 당연히 있지 않을까 싶다. 암환율은 공식적인 환율과 환전
소를 통하지 않은 환전 행위에서 적용되는데, 여행자들이 실시간으로 공유
해 주는 포인트로 가서 미화로 현지 통화를 암환전상에게 아주 저렴히 구
매하는 방식이다. 나도 한 번 해보자. 이 좋은 것을 나 혼자 안 할 수는 없
지. 이 도시에서 가장 번화가인 산프란시스코 광장 근처에 암 환전을 시도
해 본다. 설명을 보고 가긴 했는데 골목에 가판대도 아니고 길가에 달랑 작
은 테이블만 가지고 있는 볼리비아 할머니가 여기서 가장 유명한 암환전상
이라고 한다. 무슨 RP게임에 퀘스트를 부여하는 길목에 다다른 듯하다. 하
마터면 못 찾을 뻔했다. 그런데 제시하는 환율이 놀랍다. 구글에서 볼리비
아 환율을 보면 미화 1달러에 7볼리비아노였는데 여기서는 100달러 고액
권 환전 시 11.58볼리비아노를 준다고 한다. 대화도 필요 없다. 어차피 말
이 안 통하니 계산기로 찍어서 보여줄 뿐이다. 아니, 공식 환율보다 두 배
가까운 돈으로 달러를 구매한다고? 정식 루트로는 달러를 구할 수가 없는
모양이다. 정말 놀라운 일이 아닐 수 없다. 남미로 출발하기 전 한국에서
틈틈이 중고 거래를 통해 합법적인 선에서 남미 현지 통화(페루, 칠레, 아
르헨티나 페소, 볼리비아노, 브라질 헤알)를 구매했는데 생각해 보니 이것
을 판 사람들은 다 싸게 해주는 척하고 구글이나 네이버에 나온 환율 기준

으로 비싸게 팔아먹은 것이다. 심지어 더한 사람은 돈봉투를 배송으로 보내주면서 배송비까지 받아먹었으니. 그래, 뭐 더 알아보지 않은 내 잘못이지. 그런데 거꾸로 생각해 보면 어쨌든 정식 환율에 수수료 없이 구매한 것이긴 하다. 추가로 암환전을 해볼까 하다가 이미 현지 통화는 충분했고 또 혹시나 불법이 되어, 또는 위조지폐 등의 문제가 될까 하여 하지는 않았다. 그래도 암환율이라는 것의 존재는 꽤나 충격적이다. 기축통화가 아닌 국가들의 비애가 이렇게 더 심하기도 하구나 몸소 체험한다.

이 극단적인 분지 지형의 도시는 케이블카, 여기서는 텔레페리코(Teleferico)라고 불리는 교통수단이 꽤나 중요하고 효율적이다. 급격히 고도가 바뀌는 이런 지형에 도로 교통은 구불구불하게 꽤나 돌아갈 수밖에 없는 구조라 몇 가지 색으로 구분된 케이블카 노선은 아주 안성맞춤이다. 고소공포증이 있다면 힘들겠지만 텔레페리코는 나에게 이 도시의 특색을 더 각인시켜 주는, 아주 재밌는 경험이었다. 이 복잡다단한 도시를 하늘 위에서 바라볼 수 있다니. 마치 드론 촬영으로 보는 듯한 뷰를 제공한다. 또 이 도시에서는 이렇게 높이서 바라볼 수 있는 구조 덕분에 야경이 꽤 유명하고 중요한 관광 자원이 되어버렸다. 텔레페리코는 이 모든 것을 아우르는 이 지역에 딱 알맞은 시스템이다. 이것을 한 번 타는데 나이나 국적 등 어떤 조건과 상관없이 약 400원 정도 한다. 1번 환승이 포함되면 600원, 2번은 약 1,000원가량 정도 된다. 아

주 저렴해 보이지만 이게 상대적인 것이, 소득 수준이 낮은 볼리비아인들 대부분에게는 상당히 부담스러운 가격이라고 한다. 시민들을 위해 만들어진 대중교통수단이 부담되는 가격이라니. 텔레페리코를 타면 보이는 수려한 도시 경관을 보았을 때 멀리서 보면 희극, 가까이서 보면 비극이라는 말이 정말 딱 맞는다. 근데 또 반대로 생각하면 우리도 버스, 지하철, 택시비가 오를 때마다 민감하게 반응이 나오는 것과 비슷하겠구나 싶기도 하다. 도시 외곽의 고도 높은 주거지에서 낮은 고도의 중심지로 출퇴근하는 사람들은 텔레페리코가 주 교통수단이다. 러시아워 시간엔 줄이 꽤 길지만 순환은 빠르다. 출퇴근 어떻게 하세요? 전 케이블카로 합니다. 오, 색달라요.

내가 축구를 좋아하니 또 이 얘기를 안 할 수가 없다. 해외여행을 가면 가능한 선에서 그 도시 팀의 축구경기를 챙겨보는 편이다. 라파스도 물론 몇 개의 팀이 존재한다. 하지만 일반적으로 주 1~2회 하는 축구 경기는 보통 주말에 진행되고 내가 이곳에 머무는 요일은 주초인 월~수요일이어서 경기를 볼 수 있다고 딱히 기대를 하지 않았다. 그런데 라파스는 의외로 축구계에서 꽤 이슈가 되는 곳이다. 그도 그럴 것이, 이곳은 극단적인 고지대이기 때문이다. 남미에 내로라하는 세계 최고 수준인 브라질, 아르헨티나 이런 국가대표팀도 볼리비아 라파스 원정 경기만 오면 고산병으로 맥을 못 춘다. 세계 최고의 선수인 리오넬 메시도 과거 라파스 원정에서 구토를 했고 아르헨티나 국가대표팀은 1:6으로 볼리비아에 처참하게 패했다. 남미의 축구 강국들은 국제축구연맹(FIFA, 피파)에 꽤 오랜 기간 고지대 경기 개최 금지 요청을 할 정도의 파급력을 가진 곳이고, 이 요청은 결국 최종 기각이 되어 그 전설은 계속 이어지고 있다. 그래서 이렇게 의미가 있는 곳에서 경기를 한 번 보고 싶은 마음은 늘 있었다. 그런데 기회는 가까이 있었다. 월요일 밤에 야경을 보려고 탑승한 텔레페리코 안에서 보니 그 경기장은 환하게 조명이 켜져 있네? 무언가 공사라도 하나 싶었는데, 다음날 식당에서 우연히 보게 된 TV 뉴스는 충격적이었다. 그 불빛은 공사가 아닌 남미 클럽대항전이 개최되었던 것이다. 아, 내가 왜 리그 일정만 참고했을까. 너무너무 아쉽다. 색다른 로컬의 경험을 할 수 있었는데 정말 아깝기 그지없다. 축구를 가장 좋아하는 볼리비아 사람들을 가까이서 볼 수 있는 기회를 놓쳐버렸다.

지형의 높낮이 차이가 큰 이 도시의 특성답게 깎아지르는 듯한 절벽들이 이 도시 내 곳곳에 위치한다. 그 위에 위태롭게 위치한 건물들은 어떻게 유지가 되고 있는지 신기할 따름이다. 서울에서 저런 건물이 있었다면 당장 안전 검사 등이 진행되어 건물을 철거하거나 절벽 붕괴 및 낙석 방지를 위한 공사를 했을 것이다. 저런 위태위태하고 밀도 높은 구식 건물들은 이곳에서의 빡빡한 삶을 대변한다. 당연한 것일까. 이런 불안감은 정치로도 연결되어 꽤나 복잡한 이해관계로 연결되는 듯하다. 어젯밤에 숙소에서 들은 총성 비슷한 소리는 오늘 시내에서 보니 일부 시위대가 관공서 앞에서 이

목을 끌기 위해 화약을 터트리는 소리였던 것이다. 여러 사회문제를 안고 있는 이 도시에서 어쩌면 당연한 현상이 아닐 수 없다. 그럼에도 내내 마주친 볼리비아 사람들은 아주 순수하고 선하다. 페루에서도 그렇고 남미 어느 국가를 가도 나 같은 동양인은 늘 주목의 대상이다. 긍정·부정적인 말이 아니라 정말 말 그대로 나를 신기하게 쳐다본다. 이 사람이 여길 왜? 느낌 정도. 그런데 볼리비아인들은 그마저도 약간의 수줍음이 느껴진다. 혹여나 기분이 나쁠까 배려하는 것인가. 궁금해서 쳐다보긴 하지만 이내 시선을 돌리고 안 본 척을 한다. 내가 말을 걸면 너무 고맙게도 어떻게든 도움이 되기 위해 노력하는 모습이 보인다. 이 도시에서 지내면서 지나친 볼리비아인들은 웃음도 많고 유쾌하고 행복해 보인다. 흥도 많고 그만큼 그들은 축제도 자주 즐긴다. 유감스럽게도 과거 칠레에 해안 영토를 빼앗긴 타이밍이 마침 볼리비아 내에서 축제 기간이었다고 한다. 다들 술에 취해 있어 대응이 늦었다니 매우 안타깝다. 이걸 이용해 먹은 칠레인들이 나쁘게 생각되기까지 한다. 물론 각자의 입장이 있었겠지만 말이다. 순수함이 죄가 되는 요즘 세태에 다시 한번 생각을 해보게 된다. 우리도 그들도 행복해지길 바라면서.

멀리서 보면 아름다운 라파스. 물론 가까이서는 다른 매력을 볼 수 있다.

아, 라파스는 왜 이렇게 할 말이 많을까. 사실 남미 여행을 계획할 때 라파스는 단순히 쉬어가는 도시였다. 페루 마추픽추에서 볼리비아 우유니로 가는 중간 기착지 겸으로. 다만 라파스에서 우유니로 향하는 항공편 일정이 제한적이고 저렴하지도 않아서 본의 아니게 더 많은 시간을 보내게 되었다. 그러나 아이러니하게도 우연히 길게 머물게 된 이곳은 계속 얘기하지만 내게 큰 감명을 주었다. 여행에서 이런 예상치 못한 좋은 경험을 사랑한다. 라파스는 서울의 을지로 3~4가를 생각하면 얼추 그 느낌이 비슷할 것이다. 물론 을지로도 지금은 재건축 조합이 설립되고 옛것들을 싹 다 밀어버려 신축 건물들을 올리고 있지만 말이다. 개인적으로 을지로 3~4가는 근현대 문화유산이라고 생각하는데, 보존을 위해 소유자들에게 나가라고 할 수도 없고 변화가 참 아쉬운 공간이다. 앞에서 얘기한 강변의 동서울 터미널도 마찬가지이다. 미국에서는 이런 이슈로 도보로 걷는 행인들의 시선이 닿는 건물 5층 높이까지는 외관을 그대로 유지하고 재건축을 시행한다고 한다. 참으로 부러운 정책이 아닐 수 없다. 라파스가 나에게 준 이 형용할 수 없는 느낌은 볼리비아가 발전하여 이들이 행복했으면 좋을 것 같으면서도 이곳이 이런 바이브로 유지되길 바라는 아주 이기적인 마음도 한켠 자리하게 한다. 점점 이런 느낌을 받을 수 있는 곳이 소멸될 것이기 때문이다. 이곳은 가능하다면 10년 뒤에 다시 방문하고 싶다. 많이 바뀌어 있을까. 아니면 이걸 또다시 느낄 수 있을까. 조금은 남아있기를 바란다.

05 | 인생 최고 고도에 도달해 볼 수 있는 기회,
5,400m의 차칼타야산

아침부터 투어를 떠난다. 라파스에서 3박이나 하니 하루쯤은 외곽 투어도 괜찮을 것으로 판단하여 즉흥적으로 선택했다. 투어는 두 포인트. 라파스 서쪽 외곽에 위치한 해발 5,421m에 달하는 차칼타야산과 도시 반대편 동쪽에 위치한 달의 계곡이었다. 내가 묵고 있는 숙소까지 픽업을 온 볼리비아인 가이드 페드로는 여느 가이드들처럼 웃는 상의 호인이었다. 가이드와 운전자 둘로 구성된 그들은 나를 허름한 봉고차에 태우고 또 다른 여행객들을 하나씩 태우러 간다. 여행객은 나를 포함하여 총 8명. 콜롬비아 커플, 브라질 커플, 페루 커플 그리고 아르헨티나에서 온 남자 1명이다. 그렇다. 나를 제외하고는 모두 스페인어/포르투갈어 사용자인 남미인들이다. 페드로는 나에게 조심스럽게 스페인어가 가능하냐고 묻고 아니라는 대답을 들은 후 모든 가이드를 스페인어와 영어를 번갈아 가면서 하기 시작한다. 문제는 이 중 아르헨티나 친구 1명을 제외하고는 아무도 영어조차 못한다는 점이다. 아, 또 이런 경험은 처음이다. 이러이러한 상황에 사람들은 투어 멤버 중 유일한 동양인인 나에게 처음엔 경계심을 가지는 듯했지만 여행이란 무엇인가. 우린 우리도 모르게 시간이 지나며 어느 정도 서로에게 마음을 연다. 말은 안 통해도 느낌은 통하게 돼 있다. 아주 제한적인 의사소통으로 우리는 서로를 알아가기 시작했다.

라파스 시내의 두터운 교통체증을 뚫고 서쪽 외곽 산악지대로 올라간다. 페루와 마찬가지로 포장도로를 기대하는 것은 사치가 아닐 수 없다. 난개발로 건물들이 빽빽하게 들어찬 라파스 시내와 달리 산지로 나가자 이 황량한 고산지대의 건조기후에서는 생명체도 찾아보기 힘들다. 가끔 돌아다니는 차량들을 제외하고는 말이다. 차칼타야산에 가는 길, 중간에 차를 세워 날씨와 고산병 증상 유무를 체크해 보라고 한다. 정말 황량하기 그지없다. 아주 가끔 전통의상을 입고 있는 현지 노인이 무엇을 캐고 있거나 외로운 들개가 지나다니는 정도이다. 페드로는 우리에게 코카잎을 나누어주며 조금 씹어서 반죽된 다음에 삼키지 말고 잇몸에 저장해 놓으라고 한다. 마추픽추를 하산할 때 만난 캐나다인 친구가 해준 말이랑 동일하다. 도대체 5,421m는 얼마나 높길래 이리 고산병에 대해 경고하는 것인가.

산으로 올라가는 길은 고도가 높아질수록 거칠고 구불구불하다. 차체의 흔들림으로 인해 워치 만보기가 자동으로 올라간다. 저 멀리 절벽에 산양이 보이는 것 같지만 확실하진 않다. 고산지대 건조한 기후로 나무를 포함한 식물 따위는 찾아보기가 참 어렵다. 다른 행성에 온 것 같은 황량함이다. 차로 도착한 곳은 해발 5,300m에 위치한 산장이었다. 그렇다. 차로 거의 정상까지 올라온 것이다. 하긴 가이드가 미쳤다고 그 돈 받고 5,000m짜리 산을 처음부터 같이 등반하겠는가. 산장에서는 입장료를 받고 정상으로 가는 길을 터준다. 이들은 평소에 문을 닫아 놓다가 가이드로부터 일정을 받으면 그때마다 일시적으로 운영하는 듯하다. 여기서 다른 투어로 온 일행을 만났는데, 희한하게도 여긴 다 영어를 사용한다. 본의 아니게 말이 통하는 이쪽과 더 어울리게 된다.

산장에서 산 정상까지 120m 남짓한 높이를 올라가는데 쿠스코에서 느꼈던 것보다도 훨씬 더 숨이 금방 찬다. 분명 한국에서 등산할 때는 이렇지 않았는데 말이다. 그래도 갈고닦은 체력이 있는지 다른 친구들보다는 훨씬 빨랐다. 숨이 차서 뒤꽁무니에서 앞쪽만 바라보던 그들에게 나는 동양에서 온 면

고산지대에서는 몸이 말을 안 듣는다.

도 안 한 산악인 정도로 보이지 않았을까. 일반적이었으면 5분 정도 소요될 거리를 30분 정도가 걸려 도착했다. 아무래도 적응이 됐는지 고산병 증세는 없지만 문제는 생각보다 더 춥다. 아무래도 만년설이 있으니. 온도를 보니 섭씨 0도 정도다. 평소에 추위를 잘 안 타도 고산지대는 역시 쉽지 않다. 다들 털 모자에 선글라스에 알뜰하게도 챙겨왔는데 나는 경량 패딩 하나로 버틴다. 유비무환. 나같이 준비가 안 된 자는 몸으로 때우는 수밖에.

내 인생에서 가장 높은 고도인 5,421m. 고산병 증세는 안 보인다. 아주 다행히도. 바람은 차고 강하지만 여느 산의 정상들이 그렇듯 개운한 느낌이다. 내 남은 인생에서 여기보다 더 높은 곳을 갈 수 있을까. 또 만년설을 밟아볼 수 있을까. 아마 티베트나 네팔 정도는 가야 다시 경험해 볼 수 있겠지. 같은 그룹의 아르헨티나인 남자는 산 정상에 와본 것이 처음인지 굉장히 감격한 모양이었다. 나에게 영상을 찍어달라고 부탁하더니 두 팔을 벌려 허공을 향해 스페인어로 무어라 무어라 크게 외친다. 아, 나도 저런 감정을 느낄 때가 있었는가. 저렇게 감동을 받을 수 있다는 게 부럽다. 태어나서 눈을 처음 본다는 콜롬비아 커플과 이 아르헨티나인은 생전 처음 눈싸움을 하면서 신나 했다. 그렇다면 겨울옷은 어디서 샀는지 물어보고 싶지만 물어보지 않았다. 물어봤다면 무례한 질문이었을까.

오가다가 여러 친구들과 대화를 할 기회가 생겼다. 정상에서 만난 다른 투어 그룹의 스웨덴인 커플은 나의 사진을 찍어주며 어디서 왔냐고 물어본다. 한국이라고 하니 갑자기 둘의 표정이 굳는다. 오, 이건 예상하지 못했는데. 여자가 미안하다며 남친의 전여친이 한국인이라 조건 반사적으로 표정이 나왔다고 한다. 나한텐 유감이 없다고 하는데 이 상황이 불편한 남자의 표정과 입장도 이해가 간다. 그래서 그런지 우리의 대화는 오래가지 않았다. 정상에서 같은 투어 친구들을 기다리면서 또 다른 친구와 대화를 나누었다. 바하마에서 온 이 여성은 혼자 온 모양인데 꽤 여유로워 보인다. 나는 태어나서 처음으로 카리브해 국가인 바하마 사람을 만났는데 이 친구는 부산에 한국인 친구가 있어 한국 방문 경험도 있다고 한다. '아, 한국인? 익숙해~' 이런 느낌.

하산 후 산장에서 쉬고 있는데 같은 투어인 브라질 커플이 나에게 힘겹게 말을 건다. 스페인어를 할 줄 아냐고 물어보면서 말이다. 인터넷도 전혀 안 되고 대충 알아들을 수밖에 없다. 알고 보니 이들은 영어도 스페인어도 못한다. 생각해 보니 브라질인이 사용하는 포르투갈어가 아무리 스페인어와 비슷하다고 해도 이들한테는 모국어가 아닌 잘 모르는 두 개의 언어로 진행되는 투어에 참여하고 있던 것이다. 오히려 배려 받고 있는 것은 나였다. 아무튼 영어가 통하는 다른 투어 그룹과 대화하는 나에게 동병상련을 느낀 것인지 그냥 심심한 것인지 나에게 다가왔다. 어쩐지 유난히 둘만 붙어 다니더라. 인터넷도 전혀 안 돼서 번역기를 사용한 대화도 불가했지만 어디서 왔는지, 어딜 갔는지, 어딜 가는지 등 아주 제한되고 기본적인 정보만 주고받았다. 보기 좋은 이 꽁냥꽁냥한 커플은 이 황무지에서 아주 잠깐 인터넷이 가능할 때 나에게 인스타그램 맞팔로우를 하자고 한다. 어우 좋지. 나중의 얘기지만 오프라인에서는 언어가 안 통하나 SNS상에서는 메신저로 주고받은 대화는 번역 기능이 아주 잘 작동됐다. 브라질 갈 때 다시 연락해 봐야겠다.

스타워즈 촬영장 같은 곳이다. 마치 합성한 것 같다.

다음 목적지는 라파스 근교의 달의 계곡이다. 이 투어의 동선이 얼마나 비효율적이냐 하면 서울 수도권으로 예를 들었을 때, 서울 광화문 광장에서 투어를 시작해서 경기도 동쪽 끝 가평에 높은 산 정상을 갔다가 서울 서북쪽 구파발 근처의 북한산 계곡을 간 셈이다. 심지어 도로는 도심지 일부를 제외하고는 비포장에 당연히 수도권 순환도로 같은 고속도로도 없다. 게다가 교통체증이 많은 서울 사대문 안의 길을 다시 통과해서 반대편 외곽으로 가야 하는 꼴이다. 그만큼 한 방향에서 효율적으로 구성할 수 있는 콘텐츠가 부족하다는 뜻이겠지. 그래도 여행이니 어쩌겠는가. 이마저도 즐겨야지. 달의 계곡은 화산활동으로 인해 파생된 지형이다. 우리나라 제주도나 철원의 한탄강, 일본 규슈섬의 아소산 등이 그렇듯 화산 지형은 늘 수려한 자연 경관을 만들어준다. 달의 계곡은 지구에서 흔히 볼 수 있는 지형이 아닌 듯하다. 그만큼 우리처럼 찾아온 관광객이 많다.

오가면서 가이드 페드로와 볼리비아에 대해 이야기를 나눈다. 이 투어에 몇 안 되는 영어 사용자라 소중하다. 볼리비아는 앞에서 언급한 대로 철저한 내륙 국가다. 칠레와의 전쟁에 패해 해안 지역을 모두 빼앗겼으니 남미에서 가장 가난한 나라가 되는 것도 무리는 아니다. 물론 그것 때문만은 아니겠지만 정말 남미 내 타국가들과의 육안으로 보이는 경제적 차이가 극심하다. 페드로는 최근 볼리비아의 풍부한 천연자원에 대해 정부가 미국, 중국 등 강대국들과 불평등 조약을 맺는 것이 불만이지만 딱히 대안이 없다고 한다. 경제나 정치적으로 좋지 않은 상황이 지속되는 것이다. 그런 와중에 고립된 이 나라를 나처럼 이렇게 찾아 여행 온 사람들에게 너무 고맙다고 한다. 반대로 볼리비아인들은 조국의 낮은 국력과 경제력으로 인해 해외여행이 크게 제한된다고 한다. 경제적 격차로 인한 불리한 환율에 더불어 무비자로 갈 수 있는 나라도 크게 제한되니 말이다. 그래서 그런지 솔직히 말하면 볼리비아인들은 순수하고 촌스럽다. 또 그것이 그들만의 독보적인 매력이다. 외국자본에 영향을 덜 받은 국가나 지역들에서 보이는 공통적인 모습이다. 몇 년 전 필리핀 타클로반이나 우즈베키스탄에서 느낀 느낌과 유사하다. 이 모습 그대로 보존되길 바란다면 아주 이기적인 생각이겠지.

다소 지루했던 달의 계곡 투어를 마치고 라파스 시내로 돌왔다. 우린 각각 작별 인사를 하며 서로를 떠나보냈고 각자의 일정으로 복귀한다. 여느 여행이 그렇듯 인연이 되면 또 보겠지. 이런 인연들을 만날 수 있는 것은 혼자 여행하는 자에게 축복이다. 그들의 이야기를 듣고 내 이야기를 해주고 공유하는 것은 큰 즐거움이다. 지레 겁먹거나 마음을 닫고 있었다면 알 수 없었을 큰 즐거움. 약간 남은 체력으로 라파스의 밤을 좀 더 즐겨 봐야겠다.

06 | 해발 3,700m 위 하얀 사막의 경이로움,
우유니 사막

새벽부터 우유니로 이동하기 위해 서둘러 공항으로 움직인다. 사랑했던 도시, 라파스를 뒤로하고 엘 알토의 높은 고지대 공항으로 향한다. 라파스에서 사막의 이름으로만 알았던 도시 우유니로 가기 위한 방법은 10시간 버스 또는 한 시간 비행 편인데, 나는 바쁘고 급한 대한민국의 직장인답게 항공권을 선택했다. 다만 이 항공편은 지연 및 결항으로 악명 높은 볼리비아의 국적기인 볼리비아 항공의 구간이라 약간의 긴장감을 가지고 있다. 안 그래도 이 항공편의 출발 시간도 한 시간가량 지연된 것이라 기대는커녕 더 큰 변수만 안 생기길 바라고 있다. 라파스–우유니 이 구간의 항공권을 구매했을 때가 떠오른다. 볼리비아 항공 공식 홈페이지에서 구매 후 이메일로 온 이티켓은 우리가 알고 있는 그 양식이 아니라 텍스트로만 구성된 일종의 암호문 같았다. 마치 과거 타자기를 쳐서 나오는 백지의 검정 잉크만 있는 고딕체의 텍스트들. 자세히 보면 이티켓에 있는 내용들이 다 있긴 하지만 괜한 의심을 거둘 수는 없었다. 항공사의 스마트폰 앱은 당연히 없고 홈페이지에서조차 예약 조회가 불가능해 뭐지 싶다가 다들 그렇다고 해서 그런가 보다 하고 넘어갔다. 다행히 출발 전날에 한 시간 지연 통보가 왓츠앱과 메일로 와서 내 티켓이 있긴 있구나 하며 안도했다. 볼리비아 비자를 신청할 때부터 라파스 공항에 도착, 우유니, 볼리비아─칠레 국경 사무소 등을 보았을 때 볼리비아의 행정 처리는 정말 답답하고 불편하다. 아, 이것도 국력의 차이인가. 실로 꽤나 안타깝다. 도착한 우유니 공항은 우유니 도시와 마찬가지로 작고 볼품없고 형편없다. 우유니 소금 사막의 전 세계적인 위상과 유명세와는 다르게 말이다. 버스터미널보다 작은 이 공항에서는 바깥에서 비행기에서 내려 작은 청사 안에 대기하고 있으면 수하물로 맡긴 짐들을 공항 직원들이 하나하나 끌고 청사 내부로 나른다. 태어나서 이런 광경은 처음 보는데 아마 여객 항공 교통 초창기에나 이런 형태로 운영을 하지 않았을까 싶은 생각이 든다. 여러모로 레트로한 감성이 짙은 볼리비아다.

그러나 이 항공권조차 볼리비아인들에겐 너무나 비싸다. 우유니 투어도 힘들뿐더러 라파스와 우유니를 오가기 위한 교통수단으로 10시간 버스가 더 저렴하니 보통 그것을 선택한다고 한다. 그래서 그런지 이 항공편에는 볼리비아인은 없고 한중일 단체 여행객으로 빽빽하다. 익숙한 이 여행객들을 여기서 본 내 심정을 솔직히 말하자면 한국인 단체 여행객은 중국인들과 크게 다르지 않다. 어쩔 수가 없나 보다. 말을 아껴야겠다. 작은 청사에 북적북적한 사람들 사이에 영문으로 내 이름이 적힌 팻말을 누가 들고 있다. 오, 투어사에서 택시를 보내 줬나 보다. 기대도 안 했는데. 도착한 투어사에서 간단한 예약 확인과 2박 3일 투어 일정을 위한 비용 지불 절차를 마친 후, 내 투어 메이트들과 아이컨택을 한다. 남자 2명, 여자 2명이고 각각 일행이라고 한다. 남자 둘은 마크와 율리우스로 필리핀계 캐나다인이며 둘은 사촌이라 하고, 여자 둘은 폴리와 알리사로 영국 학교 동문인 영국인과 싱가포르인이라고 한다. 아, 또 이런 조합은 처음이고 약간 위축된다. 마추 픽추 편에 잠깐 언급했지만 영미권 사람들과의 영어 대화는 상당히 부담스럽다. 심지어 한 명도 아니고 나를 제외한 4명 전체가 다라니. 게다가 혼자 온 나 말고는 각자 일행이 있다니! 걱정이 앞선다. 그러나 뭐 어쩌겠는가. 여행은 억텐이고 굳이 지레 겁먹을 필요도 없다.

3일 중 첫날, 오늘은 일정이 크게 두 개다. 버려진 기차들이 있는 기차 무덤과 대망의 우유니 소금 사막. 기차 무덤은 소금 사막을 가기 전에 잠깐 들르는 느낌 정도로 봐야 할까나. 과거 광물을 나르는데 주요 교통수단이었던 철도 시스템이 붕괴되고 남은 잔해들이 모여 있다. 어떻게 보면 〈매드맥스〉 영화가 떠오르면서 괴기하기도 한데 또 여기서 사진 찍는 사람들이 많으니 영화 세트장 정도의 느낌이다. 개인적으로는 가끔 발밑에서 화들짝 놀라 도망 다니는 작은 도마뱀들이 더 흥미로웠다. 다들 SNS 감성 사진과 영상을 찍느라 정신이 없어 보인다. 투어 메이트들과 점심을 먹으러 간다. 여자 두 명은 베지테리언이다. 호주에서 느꼈던 것처럼 역시 유럽권에는 베지테리언들이 은근 많다. 먼 타지인 남미에서도 이걸 지킬 수 있는 조건이 되는 것을 보면 동아시아의 비건 문화는 상대적으로 보수적인 모양이다. 아직 우리나라에서도 좀 나아졌다고는 하지만 채식만을 위한 식당이나 메뉴를 찾기 쉽지 않아 보이기 때문이다. 내가 신청한 투어사는 서양권 여행객 위주의 서비스라 그런지 음식에 대한 각각의 신념들을 지켜주고 있었다. 마치 항공권 구매 시 특별 기내식을 요청하는 것처럼 말이다. 그녀들은 2박 3일 내내 끼니마다 베지테리언의 음식을 제공받았다. 육체적으로나 정신적으로 그녀들은 전혀 문제가 없어 보였다. 오히려 긍정적이고 오픈 마인드다. 필리핀계 캐나다인 남자 둘은 필리핀 팔라완섬 출신이고 5살쯤에 캐나다로 이민 갔다고 한다. 집안이 필리핀 팔라완섬에서 콘도 리조트 사업으로 꽤나 성공했다고 한다. 그들의 모습은 필리핀에서 보던 사람의 외형이었으나, 그들의 생각이나 어릴 적부터 익숙한 문화는 사실상 캐나다 그 자체였다. 물론 영어가 모국어인 것도 포함이다. 한국으로 치면 검머외 정도. 혼자 영어 사용 문화권이 아닌 나로서는 이들과의 소통도 좀 버겁지만 문화적으로도 꽤나 다른 점들이 보인다. 이런 문화적인 근본적 차이점은 여행을 바라보는 시선과 취향도 달라져 확실히 조금은 맞춰가는 시간이

필요해 보였다. 아니 사실 서로 맞춰간다기보다 내가 좀 더 이해하는 방향
이겠지. 아무래도 한국인들이 여행지에서 선호하는 것들과 서양인의 것은
차이가 있기 때문이다. 그러나 내가 마치 피해자이거나 굉장히 버거운 시
간을 보낸 것은 전혀 아니다. 그들은 모두 선한 사람들이고 혹여나 소외될
수 있는 나를 배려해 주는 모습이 계속 보였다. 역시 여행은 사람을 여유롭
게 만든다.

이번 남미 여행 또 하나의 빅 이벤트인 우유니 소금 사막으로 간다. 2박
3일인데 첫날부터 우유니 사막이라니. 나는 우유니 소금 사막이라는 곳에

대해 별다른 정보를 찾아보지 않고 갔다. 워낙 복잡다단하고 긴 여행이다 보니 가이드가 있는 투어에 대해서는 그냥 믿고 맡겼기 때문에 별다른 수고를 들이지 않은 것이다. 커뮤니티에서 우유니 사막에 대한 문의 글들을 보면 물이 찼냐 등의 질문이 많았는데, 사막에 물이 찬다는 게 무슨 소리인지. 알고 보니 12월부터 이듬해 3월까지인 남미의 여름은 우기에 해당하여 평평하고 단단하게 굳은 소금 평원에 얕게 물이 고여 있게 되는 것이다. 그래서 우유니 사막 사진들을 보면 마치 거대한 거울 위에 사람이 서 있는 것처럼 땅 위의 모든 것들이 바닥에 비추어 보이고 그것이 엄청난 장관을 만들어낸다. 이 광경을 보기 위해 여기를 찾는 것이고 그래서 물이 바닥에 찼는지를 최근에 다녀온 사람들에게 확인하는 것이다. 거기에 모든 자연이 그렇듯 늘 변수가 존재하여 물이 깊게 바닥이 빠지는 곳도 있어서 전문 가이드가 반드시 동행해야 하므로 투어가 필수다. 반대로 서양권 여행객들 중에서는 일부러 물이 다 마른 건기에 와서 거북이 등처럼 소금이 갈라져 있는 우유니 사막을 보러 오는 사람도 많다고 한다. 상대적으로 남미와 가까운 서양권 여행객들은 한국인이 동남아와 일본에서 새로운 곳에 가 보듯 여기서 새로운 것을 찾는 모양이다.

실제 눈으로 본 우유니 사막은 실로 놀라웠다. 끝이 보이지 않는 거대한 고지대 평원에 하늘을 포함한 땅 위의 모든 것들이 사막 위로 거울처럼 비쳤다. 햇빛은 강렬하고

마치 개안이라도 된 듯 사방이 탁 트여 있다. 평지가 적고 산지가 워낙 많은 곳에서 온 한국인과 일본인들이 받는 감동은 더 크지 않았을까. 오히려 너무 비현실적이라 잔존해 있는 고산병 증세와 더불어 정신이 약간 혼미해진 탓도 좀 있었던 것 같다. 지구상에 이런 곳이 또 존재할까. 있어도 이렇게 웅장하지는 않을 것 같다. 왜 사람들이 이곳을 인생 여행지로 꼽는지 단번에 알 것 같았다. 이런 천혜의 자연유산을 가지고 있는 볼리비아인들은 얼마나 행운인가. 여기서는 사진을 찍고 또 찍는다. 찍었던 것도 다시 찍게 된다.

　이곳에서는 통과 의례처럼 진행하는 촬영이 있다. 보통 인터넷에 우유니 사막을 검색하면 볼 수 있는 사진들이 그것인데, 투어 메이트들과 역시 비슷하게 진행된다. 그 구성은 바닥의 거울 효과를 반영한 촬영이라던가, 끝없이 넓게 펼쳐진 평평한 사막에 원근법을 사용하여 시각적인 왜곡을 의도적으로 만드는 그런 촬영 등이다. 예를 들면 공룡 장난감을 앞에 두고 우리는 저 뒤로 더 가서 카메라 앞에 아주 작아진 다음에 진짜 공룡에게 잡아

먹힐 듯한 포즈를 취하는 방식. 또는 마치 이탈리아 피사의 사탑에서 카메라 가까이 있는 사람이 탑을 미는 듯한 포즈를 취하는 방식 등인 것이다. 이런 촬영은 좀 식상해 보였는데 무언가 큰 의미가 있다기보다 결과적으로는 투어 메이트들 간의 아이스브레이킹이 됐다. 어색함이 사라지고 말도 안 돼 보이는 사진을 보며 서로 깔깔거리며 웃을 수 있기 때

문이다. 장대한 자연 앞에서 또 좋은 인연들을 이렇게 만나니 큰 행운이 아닐 수 없다. 한창 놀면서 하던 촬영이 끝나고 가이드가 우릴 부른다. 이제 슬슬 출발해야 석양을 볼 수 있다고 하면서 말이다. 그냥 사막 이쪽 편에서 저쪽 편으로 가는 것인데 꽤나 많은 시간이 걸린다. 길도 안 보이는데 어떻게 길을 찾는지도 신기하고, 도시와 산에 익숙한 나로서는 꽤나 진기한 경험이다. 사막 한쪽 끄트머리에 자리하여 지는 석양을 바라본다. 아깐 그렇게 더웠는데 엄청난 추위와 바람이 몰려온다. 역시 일교차가 이렇게도 큰 것을 보니 사막이 맞나 보다. 어느 정도 있는 구름들은 석양을 좀 더 다채롭게 만들어 주었다. 그리고 바닥에 거울처럼 비치는 구름의 형상도 꽤나 경이롭다. 아, 이래서 선셋 투어를 하는구나. 지평선이 보이는 저 먼 곳 끝에선 번개가 보이는 것을 보니 비구름이 있는 모양이다. 평지가 워낙 넓다

보니 한 번에 몇 개의 날씨가 보인다. 바람 소리가 귀를 때리며 이런 것들을 한 번에 받아들이니 무언가 사고가 되지 않는다. 우유니에 도착하자마자 하루 종일 강한 햇빛과 함께 한 야외에서의 강행군이 있었고, 고산지대의 희박한 산소량, 처음 보는 사람들과의 새로운 관계 등 많은 일들이 하루 만에 일어났다. 그리고 무엇보다 이 광활하면서 변화무쌍하게 나를 둘러싸고 있는 우유니 사막의 경이로움은 복합적으로 정신을 혼미하게 만든다. 이러다 보니 오히려 잡념이 사라지고 무(無)의 상태로 회귀한다. 아, 명상을 제대로 하면 이런 느낌일까. 다른 것은 신경 쓰지 않고 지금 내 눈에 보이는 있는 그대로를 받아들이며 점점 어두워지는 이곳을 눈에 담고 기억에 새긴다. 우리는 그렇게 한참 동안 먼 곳을 멍하니 바라보다 숙소로 돌아갔다.

07 | 우유니에 가려진 볼리비아의 진짜 보석, 남부 사막지대

사람 손이 닿지 않은 천혜의 자연

쓰레기 같은 숙소를 나오며 뭔가 찜찜하다. 투어 시작 전에 옵션으로 돈을 좀 더 주고 프라이빗 룸을 요청했는데 진짜 말 그대로 혼자만 자는 방이지 화장실과 욕실은 공용이다. 저렴한 숙소가 그런가 보다 하긴 하지만 수많은 벌레들과 치우지 않은 머리카락에 말할 수 없는 상태 등 어떻게 씻기는 했지만 다시는 경험하고 싶지 않다. 사막의 물 부족이 청소까지 연관될 수 있구나. 무언가 피곤한 몸뚱이를 이끌고 이제 우유니의 남쪽으로 향한다. 볼리비아 국경 내 우유니를 기준으로 남부의 안데스산맥 서쪽 지방은 높은 고도에 아주 건조한 고산 사막 지대다. 이번 남미 여행의 마지막 고지대인데, 사실 이곳에 대한 정보가 아예 없는 터라 막연하다. 보통 숙소에서

자기 전에 다음날 가는 곳들의 정보들을 대략적으로나마 보고 잠드는데 이런 곳이 인터넷이 터질 리도 만무하다. 그냥 따라가는 수밖에. 가이드 까를로스는 볼리비아를 사랑한다. 그 특유한 억양으로 하는 영어는 벌써 정겹다. 많은 것들이 라파스의 차칼타야산 투어를 진행했었던 가이드 페드로와 비슷하다. 우리나라로 치면 기아차 모하비랑 비슷한 차에 오프로드 타이어를 달고 가이드, 운전자 각 한 명, 투어 참여자 5명 이렇게 총 7명을 빽빽하게 태우고 간다. 우유니부터 칠레 국경까지 2일 동안 포장된 도로가 단 한 번도 없는 이 일정은 진정한 사막의 자연 현장으로 우리를 안내했다. 산크리스토발이라는 잠깐 들른 아주 작은 사막 도시는 오늘 밤까지 있는 일정의 마지막 휴게소였다. 아침 9시 반에 들렀는데? 뭐 그럴 만한 사정이 있겠지. 작은 마트에 들러 물과 견과류 간식을 좀 산다. 오, 그런데 놀랍게도 편의점도 없는 이 나라에 작은 슈퍼에는 불닭볶음면이 종류별로 있다. 한국 라면의 세계화가 놀랍구나 정말. 외국인들의 얘기를 들어보면 한류가 유행인 요즘, 한국인이 매운 음식을 좋아한다는 인식에 더불어 아주 매운 불닭볶음면의 SNS 챌린지가 합쳐지면서 시너지가 난 것이라 한다. 오 그렇구나. 기업이 이것을 의도했을까? 그랬다면 엄청나게 대단한 일이다. 뭐가 됐든 이는 제대로 먹혀 연일 역대 최대 수출액을 달성하고 있지 않은가.

작은 마을을 떠나 중간에 길을 멈춘 곳은 라마의 군락지였다. 오, 길에서만 보던 라마를 가까이서 본다? 흥분되지 않을 수 없다. 알파카나 라마, 그

리고 뒤에 보게 되는 과나코는 각각 모습은 다르지만 비슷

하면서 육안으로 보면 소와 사슴의 중간으로 보인다. 이들

은 매우 순하고 겁이 많아 남미의 찻길가에 흔하게 보이지

만 길들여지지 않은 야생의 이것들은 가까이 가면 경계하고 도망간다. 운

좋게도 이번엔 라마를 조금 가까이서 그들을 볼 수 있었는데 참 무해하고

커다란 게 귀엽기까지 하다. 한국의 찻길가에 고라니와 사슴이 풀을 뜯고

있다? 상상도 하기 힘든 일이다. 사진과 영상을 한참 찍는데 저 멀리 선 플

라밍고 무리들이 열심히 플랑크톤을 찾으러 연못을 뒤진다. 이국적이면서

비현실적이다. 원래 살던 대륙에서 볼 수 없는 동물을 보는 것은 이런 느낌

이구나.

　볼리비아 남서부는 그야말로 별천지다. 지구상에 이런 곳이 있구나 싶

다. 사막은 건조하고 바람은 차고 세다. 곳곳에 있는 라군은 동물들의 생존

을 위한 보급소와 같은 역할을 한다. 아마 북아프리카나 중동이었으면 오

아시스라고 했겠지. 전체적인 모습은 고산지대 사막에 화산지형까지 겹쳐

져 꽤나 이국적이다 못해 다른 행성의 느낌을 주기도 한다. 이게 틀리지 않

은 게 대기가 약하거나 없는 타행성에도 이곳과 비슷한 모습을 보이는 곳

이 있다고 하니 말이다. 여기엔 돌나무(Rock Tree)라는 것이 있는데 말

그대로 돌로 된 나무이다. 커다란 바위가 오랜 시간 사막 바람에 풍화되어

아랫부분만 깎여 나무 모양이 돼 붙여진 이름이다. 중학교 때 세계지리 교

    남미에 가지 않을 이들을 위한 기행

과서에서 본 사진 같다. 까를로스는 이런 곳들을 하나하나 방문하며 설명을 해준다. 도대체 표지판도 없고 길도 포장 안 된 곳에서 어떻게 길을 찾는지 참 대단하다. 심지어 라마나 플라밍고 서식지 등은 구글맵에 나오지도 않는다. 게다가 이곳에서는 다른 투어사들을 보지도 못했고 오직 우리만 있었다. 오, 투어사를 잘 고른 것인가. 5명의 일행 중에 3명은 애플의 아이폰, 한 명은 구글 픽셀폰, 나는 갤럭시를 사용한다. 굳이 한국에서 왔다고 "나 샘숭폰 써!"라고 말하고 싶은 것은 아니었지만 2박 3일 내내 이들은 내 폰을 부러워했다. 그 이유는 딱 하나. 카메라의 줌 기능 때문. 라마나 과나코는 겁이 많아 사람이 가까이 가면 도망을 가기 때문에 줌 기능이 매우 중요했던 것이고 실제로 나는 고화질로 동물들의 모습을 담을 수 있었다. 아무래도 카메라로 아이폰과 비교당하며 계속 비난받으니 삼성전자가 기본형 폰에도 꽤나 괜찮은 카메라를 장착해 준 덕분이었다. 어차피 지금은 인터넷이 안되니 나중에 같이 공유해 주기로 한다. 커미션을 좀 받을 걸 그랬나.

오늘 일정의 백미인 라구나 콜로라다로 떠난다. 영어로는 레드레이크(Red Lake)라고 한다. 플랑크톤의 무슨 무슨 작용 때문에 물의 색깔이 붉게 비친다고 한다. 이곳은 입장료가 꽤나 비싸다. 창녕 우포늪으로 우리에게 익숙한 람사르 지정 습지인 것과 더불어 국가에서 유심히 관리하는 곳이기 때문이라고 한다. 앞에 곳들도 그랬지만 이곳은 더 아름다웠다. 정말

라구나 콜로라다. 한국의 창녕 우포늪처럼 람사르 지정 습지로 지정된 곳 중 하나이다.

지상낙원에 온 것과도 같은 느낌. 약간의 붉은빛을 띠는 얕은 호수엔 플라밍고들이 열심히 주둥이를 박고 있고, 과나코들은 새끼들을 데리고 풀을 뜯는다. 이 정신없는 사막의 바람만 아니면 참 평화로울 텐데. 이곳은 비싼 입장료가 무색하게 관광객들로 바글바글하다. 대부분 유럽 아니면 미국에서 온 백인들이다. 그들에게 꽤 유명한 관광지였나 보다. 그럴 만도 한 게 이곳은 꿈꾸는 것 같은 느낌이 들 정도의 현실감이 없어지는 곳이다. 역시 예상치 못한 감동은 더 크게 다가온다.

숙소를 가기 전 진짜 진짜 마지막 코스라며 피곤해하는 우리를 가이드는 끌고 간다. 개념적으로만 이 지역들이 화산지형이라는 의식만 하고 있던 우리에게 진짜 화산을 보

여줄 장소로 말이다. 도착한 곳은 저 멀리서부터 연기가 보일 정도로 무언가 다이내믹한 곳이었다. 가까이 가보니 진흙이 땅 아래 마그마의 온도에 부글부글 끓고 있던 것이다. 연기의 냄새는 마치 일본 규슈섬의 아소산과 유후인의 온천마을에서 맡았던 유황냄새와 유사하다. 아니 동일한가? 아무튼 익숙하다. 가까이서 보겠다고 근처로 갔다가 진흙이 옷에 다 튀어버렸다. 아 이런, 물이 귀한 곳에서 이런 참사가 다 일어났네. 물티슈를 많이 가져와서 다행이다.

짧은 인연들과 함께 남은 긴 여운

또다시 그런 숙소이다. 아니, 그래도 좀 너무하지 않나. 이번엔 방 안에 욕실이 있길래 그래, 이 정도면 만족하지 했는데 아니다 다를까 물 자체가 안 나온다. 세면대에 나오는 것은 졸졸졸 나오는 찬물뿐. 저녁 7시 반부터 10시까지만 전기가 사용 가능하고 같은 시간에 와이파이를 돈 내고 쓰란다. 아, 어차피 볼리비아에서의 마지막 날이고 현금이 남아서 조금 더 써도 되지만 너무한 것 아닌가. 그러면서 또 반대로 생각해 보면 내가 너무 현대 도시생활에 익숙해져 있나 생각이 들기도 하지만, 아 뭐 어쩌라고. 나는 계속 그렇게 살 건데! 나중 얘기지만 내가 묵은 곳의 구글맵 별점을 보니 1.9점이었다. 피곤한 몸뚱이를 끌고 같이 저녁을 먹는다. 피곤해도 우리의 텐션을 끌어내릴 수 없지. 그런데 또 일정이 있단다. 사막의 가혹한 밤에 일정이라고? 그것은 다름 아닌 노천탕이었다. 일정 상에는 핫스프링(Hot Spring)이라고 돼 있는데 물도 부족한 곳에서 이게 뭐 하는 짓인가 싶었는데 막상 가보니까 또 이런 천국이 없었다. 세찬 사막 바람과 함께 따뜻한 온천수라니. 우린 모두 수영복을 입고 수영장처럼 넓은 탕에서 만난다. 여기서 대충 씻은 셈으로 해야겠구

나. 그런데 화산활동으로 인해 따뜻해진 물까진 좋았는데 이게 다 소금물이다. 소금기의 찝찝함과 잠들어야 하겠구나! 아오! 그래도 지금을 즐기기로 한다. 사실 온천욕의 진수는 온천이 아니라 하늘에 보이는 은하수였다. 정말 촘촘히 박힌 별들은 어느 순간 한 번에 확 떨어져도 이상하지 않을 정도로 많다. 내 인생에서 본 두 번째 은하수였는데 한 번 본 것이라고 절대 식상하거나 그렇지 않는다. 가끔 별똥별이 떨어질 때마다 다들 소원을 빈다. 돌을 쌓고 소원을 비는 것과 별똥별에 소원을 비는 것은 전 세계 공통적인 문화인가 보다. 아주 불편하지만 자연을 온몸을 느낄 수 있는 이런 투

어가 볼리비아의 특장점인 듯하다. 그래서 볼리비아를 다녀온 사람들이 여기를 잊지 못하는 것. 너무나도 이해가 된다. 군대에서도 잘 씻었는데 오랜만에 이렇게 잔다니. 그래도 별다른 불만 없이 늦은 둘째 날 밤을 마무리한다.

마지막 셋째 날은 오전에 한 군데만 들르고 버스로 칠레 국경을 넘는 것으로 투어가 종료된다. 마지막 투어 장소는 살바도르 달리 사막과 블루라군. 오, 사막 이름이 화가 이름과 같다. 그러고 보니 스페인어 이름이었군. 이곳 사막은 이쪽 지방의 커다란 사막인 아타카마 사막의 포함된 일부이다. 이곳의 모습은 진짜 가보지도 않은 화성과 같다. 그 옆에 있는 블루라군은 어제 갔던 레드레이크와 다르게 파란데 그냥 구분하기 위해서 이렇게 부르는 건가. 원래 호수는 파래 보이니까. 이곳에 대해 뭐라 뭐라 설명을 해줬는데 기억이 나지 않는다. 다만 이곳은 많은 우유니 투어객들이 칠레로 넘어가기 전 마지막으

로 볼리비아랑 작별하는 곳이다. 우리는 여기서 가이드가 준비한 볼리비아 국기와 함께 단체사진을 찍는다. 볼리비아를 사랑한 나머지 "Fxxking Chile!"를 외쳐 달라는 가이드 까를로스도 함께. 투어 내내 유쾌함을 준 가이드와 드라이버에게 우리 투어 메이트들은 100볼리비아노의 팁을 손에 쥐여 준다. 확실히 영미권 친구들은 팁 문화에 상당히 익숙하다. 나는 만족을 하건 안 하건 팁이란 것을 줄 생각조차 못 했는데 말이다. 다들 주니 나도 주섬주섬 꺼내 주도록 한다.

국경에서의 출국 절차는 또 엄청나게 오래 걸린다. 볼리비아는 모든 게 오래 걸린다. 이제 슬슬 익숙해질 때도 됐지만 나는 인내심이 부족한 것을 다시 한번 깨닫는다. 티는 안 냈지만. 가이드와 작별 후 우리는 칠레의 국경도시 산 페드로 아타카마로 떠난다. 칠레 입국 사무소에서 또 짐을 다 내리고 수속을 받느라 진을 다 뺐지만 그래도 볼리비아보다 빠른 행정 처리에 만족하고 마무리를 한다. 정말 신기한 게 칠레 국토로 넘어오자마자 도로가 포장돼 있다. 포장도로가 이리 편한 것이었다니. 깔끔한 도로와 표지판, 행정처리까지 국력의 차이가 국경 하나로 이렇게 극명하게 보인다.

칼라마로 가기 위해 겪은 카르마

약 40분 만에 도착한 산 페드로 데 아타카마는 볼리비아 국경에서 가장

국경 하나를 두고 다른 모습인 산 페드로 아타카마

가까운 칠레의 도시이자 아타카마 사막을 여행하고자 하는 사람들의 중간 기착지의 역할을 하여 칠레인보다 상당히 많은 외국인들이 보인다. 반대로 칠레에서 우유니 사막 투어도 이쪽에서 시작하는 듯한 상품들을 파는 것을 보니 국경 마을의 역할을 제대로 하는 느낌이다. 국경 한 번 넘었다고 아주 깔끔하고 팬시한 도시가 나타났다. 밝은 갈색의 모래 색인 크지 않은 도시에 저 멀리 만년설이 함께하는 높은 화산들이 보이고, 수많은 호텔과 여행사, 식당, 상점이 즐비하다. 나는 이곳에서 잠깐만 머물고 한 시간 거리의 칼라마라는 도시에서 산티아고행 늦은 비행기를 탄다. 우유니 투어 멤버들과 마지막 점심을 먹었다. 아마 이 중 일부를 제외하고는 평생 못 볼 가능성이 높다. 지금까지의 경험으로 보았을 때는. 그래도 각각 SNS 팔로우를 해놓았으니 서로 생사확인을 하는 것으로 하자. 너희들이 한국에 온다면 언제나 환영한다는 말을 전달하며 우린 작별 인사를 하였다. 필리핀계 캐나다인 친구들과는 연이 좀 더 이어졌다. 그들이 오늘 머무는 호텔에서 잠깐 같이 있기로 했기 때문이다. 그런데 생각지도 못하게 이곳에서 기록하지 않을 수 없는 큰 도움을 받아 나에게 감동을 주었다. 일반적으로 사람들이 우유니 투어를 통해 육로로 국경을 건너 이 도시로 올 때 보통 칼라마 공항으로 이동해 다음 행선지로 떠난다. 우유니 투어 멤버들도 동일하지만 그들은 여기서 하루 더 머물고 다음날 떠날 뿐이었다. 칼라마로 가는 버스나 공유 밴(우리나라로 치면 비슷한 행선지의 사람들끼리 작은 버스 하나로 이동하는 타다 정도의 느낌)을 알아보는데 이게 웬일인지 대부분 매진이거나 스페인어를 사용하지 않으면 예약을 할 수 없는 구조인 것이다. 그럼 포기하고 우버 등의 택시를 부르는 방법이 있는데 이건 또 비용이 공유 밴보다 3배 정도 한다. 흠… 한 시간 거리를 7~8만 원을 주고 간다? 그럴 수도 있지만 뭔가 아깝다. 생각보다 부탁하는 것을 어려워하는 나는 염치 불고하고 내가 숙박을 하지도 않는 호텔 주인에게 번역기를 써가며 공유 밴 예약을 부탁했다. 아무래도 현지인이 현지인한테 하는 게 훨씬 수월할 것이니 말이다. 그는 사실 이것을 탐탁지 않아 할 만도 한데 아주 흔쾌히 나의 무리하다면 무리할 수 있는 요청을 거들어주었다. 확실히 터키나 우즈베키스탄도 그랬고 외지인이 많이 드나드는 공간에서는 작은 호의가 복으로 돌아온다는 신념을 가지고 있는 듯하다. 글이야 길게 안 썼지만 솔직히 도시 간 이동같이 큰 것도 준비를 안 한 나 자신에 대한 자책과 불안감이 있었는데 너무 고맙게도 내 고민을 해결해 주니 얼마나 감동이 왔겠는가. 더불어 이 호텔에 흔쾌히 나를 머물게 해 준 마크와 율리우스 이 친구들에게도 이 기회에 고마움을 표한다. 나도 이렇게 곤경에 처한 사람에게 의도적으로라도 호의를 보여 줘야겠다. 내 비용을 아끼게 해준 호텔 주인에게 1만 페소의 팁을 주고 가야겠다. 그 와중에 산티아고로 가는 비행기가 2시간 지연됐다는 통보 메일을 받으며 역시 늘 순탄치만은 않을 수 있다는 점을 새삼 깨닫는다. 이런 예측 불허한 변수를 온몸으로 감내한다. 이것도 여행의 일부이니.

볼리비아 Bolivia

수도	수크레 Sucre, 라파스 La Paz
인구(2025)	1,258만 명
국토 면적	1,098,581㎢(우리나라의 약 11배)
민족 구성	아메리카 원주민 55%, 메스티소 30%
종교	가톨릭 73%, 개신교 17%
공용 언어	스페인어, 케추아어 등 37개 언어

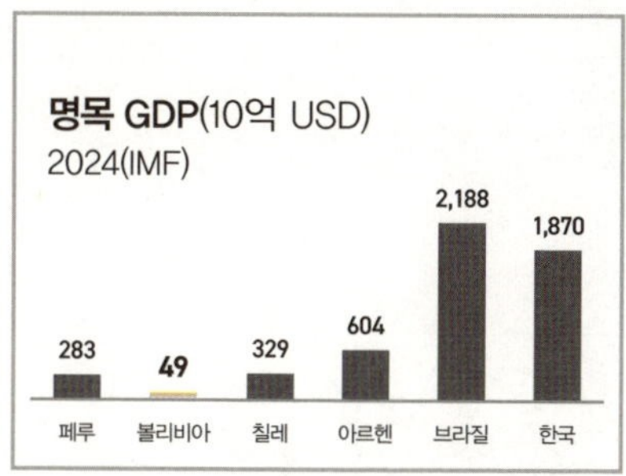

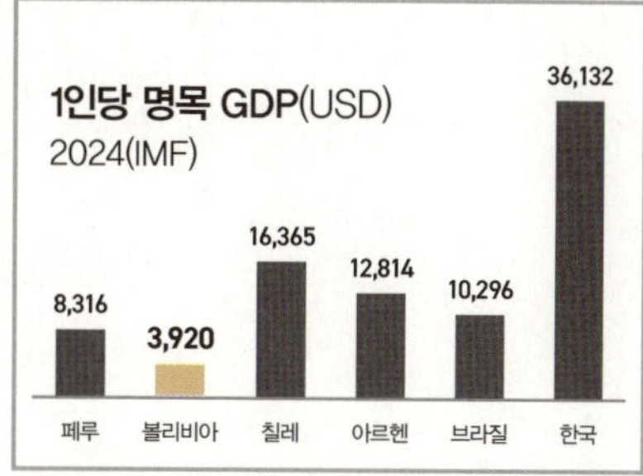

무역 규모

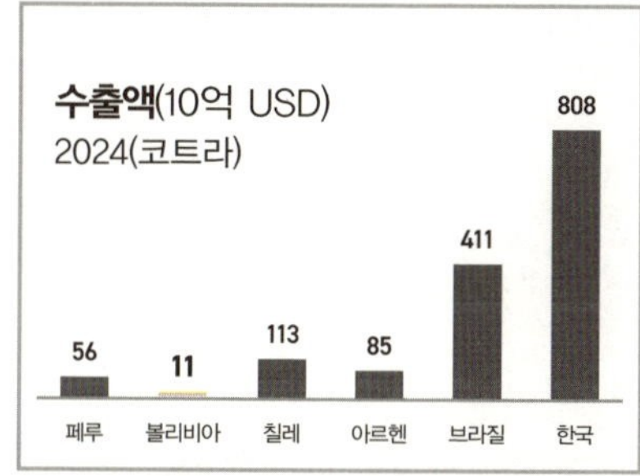

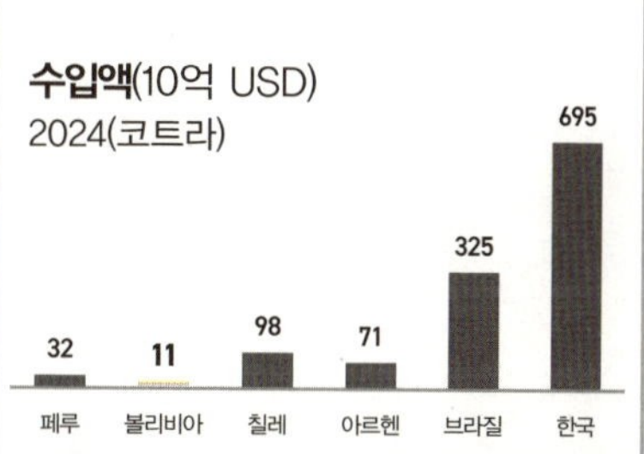

수출 품목: 천연가스 30%, 아연 20%, 은 12%, 콩 8%, 금 7%

수입 품목: 석유제품 18%, 자동차 12%, 기계류 10%, 의약품 8%, 곡물 7%

3부

내 눈으로 본

파타고니아

08 | 이방인이 낯선 대도시에서 보낸 하루간 휴식,
두 번째 대도시 칠레의 수도 산티아고

볼리비아에서의 마지막 날로부터 21시간이 지나고 나서야 칠레의 수도 산티아고에 도착했다. 볼리비아 출국에 친구들과 작별에 칠레 입국에 항공편 연착 등등 다사다난했다. 게다가 드디어 10일 만에 고산지대를 떠나 저지대로 내려왔다. 기가 막힌 타이밍으로 이곳에서 하루 동안 달콤한 휴식을 취할 수 있다. 어차피 할 것도 크게 없는 도시라 제대로 쉬고 내일 파타고니아로 떠나야겠다는 마음에 일정에 대한 부담이 한결 내려앉는다. 산티아고도 남미에서 처음 방문했던 페루 수도 리마와 구조는 크게 다르지 않다. 스페인 식민지 시절 지어진 성당과 대통령궁이 있는 구시가지와 새로 구성된 신시가지. 다만 이 도시에 대해 갖고 있던 나의 편견은 치안이 매우 불안한 곳이라는 것이다. 남미 내 불안한 정치 상황으로 인해 베네수엘라 등지에서 온 난민으로 인한 강력 범죄가 급증하고 있다고 한다. 그래서 관광객이 많고 비교적 안전한 지역인 프로비덴시아에 숙소를 조금 비싼 가격에 잡았다. 오전 내내 늘어지게 자고 오후와 저녁에 할 것이 있나 좀 찾아본다. 오, 일요일이라고 저녁에 축구 경기가 있네? 아무래도 좀 위험하겠지만 내가 직관을 할 수 있는 컨디션인지 한 번 체크해 봐야지. 오후에는 서울의 남산 같은 위치에 있는 산크리스토발 언덕을 갔다가 축구장이나 가야겠다.

산티아고의 여름은 동남아시아의 느낌이 난다.

　한나절이라는 짧은 시간이지만 산티아고는 내 눈에 매우 안전해 보였다. 아주 깔끔한 도로와 정리된 주택과 상점들, 한층 여유로워 보이는 사람들까지 아무래도 부촌에 있어서 그런 것도 있나 보다. 어떻게 옆 나라인 볼리비아와 이 정도로 차이가 난단 말인가. 날씨는 전형적인 우리나라 여름처럼 덥고 습하다. 여기에 중간중간 야자수들이 보이니 느낌은 싱가포르, 말레이시아 쿠알라룸푸르와 크게 다르지 않다. 사람들의 외관은 서유럽인이라 해도 이상하지 않을 정도다. 아무래도 페루나 볼리비아처럼 기존 남아메리카 원주민의 유전자가 없고 조상이 다 유럽인인 듯하다. 산크리스토발 언덕은 앞에 언급한 것처럼 서울의 남산같이 산티아고 도심 한가운데 우뚝 솟아 있는 산이다. 높이도 비슷하다. 이곳을 올라가는 방법은 모노레일, 케이블카 그리고 구불구불한 도로를 이용한 트레킹 길이 있다. 내일부터는 또 파타고니아에서 생고생을 할 텐데 굳이 쉬어가는 도시에서 체력을 낭비할 필요는 전혀 없고 숙소와 그나마 가까운 케이블카를 선택하기로 한다.

주말이라 그런지 줄이 아주 길다. 외국인보다는 산티아고 현지 칠레인들이 주말을 즐기러 나온 느낌이다. 그들이 힐끗힐끗 나를 쳐다보는 시선이 느껴지기는 하는데 그만큼 외국인이 흔한 곳은 아닌 것 같다. 산티아고는 특히 요즘 치안 이슈로 웬만하면 더 피하는 도시인 이유도 있을 것이다. 최근 남미 여행자 커뮤니티에서는 산티아고 구시가지에서의 강도를 당한 사례가 올라오기도 했었다. 하지만 산티아고에서 아주 다행스럽게도 어떤 위협도 느끼진 못했다. 원래는 동선을 최소화하여 숙소 근처에 있는 코스타네라 타워에서 도시의 전경을 보려고 했다. 60층 높이의 이 빌딩은 놀랍게도 남미에서는 가장 높으며 남반구에서는 호주에 이어 두 번째로 높은 건축물이라고 한다. 남미에서 가장 먼저 OECD에 가입한 칠레의 경제적 위상을 보여주는 대표적인 건축물이다. 다만 처음의 잠실 롯데타워처럼 주변과 어울리지 않게 둥그러니 우뚝 솟아있는 형상이긴 하다. 아무튼 후기들을 좀 읽어보

니 돈 내고 줄 서서 보는 코스타네라 전망대보다는 산크리스토발 언덕 정상
에서 보는 경치가 훨씬 낫다는 의견이 많아 고민 없이 행선지를 바꿨다.

가톨릭 국가임을 강조하는 듯한 정상의 성모 마리아상

도착한 산크리스토발 언덕의 정상은 딱히 특별하지는 않다. 조형물과 나무 등에 가려 도시 조망은 생각보다 잘 보이지 않는다. 오히려 눈에 띄는 것은 정상에 있는 큰 성당과 성모마리아 상이다. 브라질 리우의 예수상처럼 가톨릭 색채의 조형물이 있는 게 남미에서의 기조인 듯하다. 페루 쿠스코에서도 비슷한 것을 본 듯하다. 이곳은 정상에서 조망의 유리함을 잘 살리지 못한 것 같다. 어디서든 남산처럼 탁 트이는 조망은 찾기 힘들다. 아무래도 조망보다는 성당과 성모마리아 상의 존재가 더 중요한 듯했다. 주변에 있는 작은 상점도 산티아고나 칠레의 관광상품은 없고 모두 묵주나 교황 마그넷 등 가톨릭 관련 제품들이다. 가톨릭이 국교이니 여기선 당연한 일인가 보다. 산크리스토발 언덕은 커다란 휴양지처럼 만들어졌

다. 케이블카는 시작점에서 정상까지 한 번에 가는 것이 아니라 중간역도 있는데 거기에는 워터파크가 있어 사람이 북적북적하다. 아주 잠시나마 산티아고 시민이 되어 그들의 주말을 함께 즐기는 느낌이다. 완전히 썩 만족스러운 장소는 아니었지만 현지인들의 삶을 어느 정도 간접 체험할 수 있었다는 점이 의미가 있는 곳이다.

사실 나는 오후 내내 저녁의 축구 경기를 기대하고 있었다. 꽤 많은 국가의 도시들에서 축구를 본 경험이 있고 나는 이것을 좋아한다. 축구야말로 유일한 전 세계적 언어이며 그 소통 방식은 정도의 차이만 있을 뿐 동일하다. 또한 현지인들 위주로 일반 여행에서는 느낄 수 없는 감동과 환호가 존재한다. 도파민에 절여져 있는 나에게 이것은 너무나 특별한 경험이다. 다만 현지인들로만 구성된 서포터즈와 특히 남미라서 상당히 감정적인 분위기의 축구장이 나에게 안전한 곳인지에 대한 우려는 계속되었다. 특히 또 요즘 평이 안 좋은 산티아고라서 말이다. 다른 곳도 아닌 남미라니. 며칠 뒤 아르헨티나 부에노스아이레스에서 두 개의 경기를 보기로 했으니 욕심 내지 말까? 또 그러면서도 볼리비아 라파스에서 그 중요한 경기를 놓친 것을 생각하니 이곳에서도 그러긴 아쉽기는 하다. 무언가 위험할 것 같으면서도 일단 혹시 모를 티켓부터 있는지 계속 알아본다. 다행히 아직 매진은 되지 않았고 그곳이 안전한지 호텔에도, 챗GPT에도 물어보지만 불현듯 깨달은 점은 어떤 답을 들어도 어차피 나는 갈 것이라는 것. 단지 좀 괜찮은 이유들이 더 필요했을 뿐이다. 경기는 가까운 곳에 있는 국립경기장(한국으로 치면 잠실종합운동장)에서 열리고 홈팀은 클루브 우니베르시다드데 칠레였다. 산티아고에서도 꽤 큰 팀이다. 지금까지의 경험상 축구장엔많은 군인과 경찰이 배치되어 있고 축구장에선 압사 말고 사망사고가 거의없었다는 점, 홈팀이면 어떤 외지인도 환영해 준다는 것. 경기장의 위치가안전 지역에다 그리고 오늘 본 칠레 사람들은 착하다는 희망을 가지고 보기로 결정했다.

한 십수 년 전부터 축구 경기 관람은 신원확인을 요청한다. 외국인은 당연히 여권으로 진행한다. 그런데 웬일인지 온라인에서 구매가 불가하다. 아니, 쓰라는 인적 사항 내용을 다 썼는데 처음부터 안 된다고 할 것이지. 결제창으로 가기도 전에 무슨 상황인지 벌써부터 짜증이 솟구친다. 경기시작 한두 시간 전에 현장으로 가서 티켓 구매를 시도해 봐야겠다. 내가 머무는 숙소에서 지하철로 세 정거장. 아 지하철. 다시 또 찾아본다. 교통카드를 사고 충전한 다음에 찍고 들어간다. 한국이랑 똑같다. 다만 모든 것이 스페인어와 칠레 페소로 이루어진다는 점. 한 번 찍는데 790페소로 한국 돈으로 약 900원 정도 한다. 저렴하네? 그리고 처음 입장할 때만 카드를 찍고 나갈 때는 그냥 나간다. 이 뜻은 환승 횟수나 거리에 상관없이 790페소만 부과한다는 뜻이다. 그런데 잘 보니까 시간대마다 부과 운임이 다르다. 평일 출퇴근 시간 등 러시아워에는 더 비싸고 주말은 상대적으로 저렴하다. 괜찮은 시스템인 것 같다. 오늘은 주말이니 딱 왕복 운임만 충전해서 떠나본다. 경기 시작 두 시간 전인데도 파란 유니폼을 입은 사람들이 많이 모이며 때때로 지하철 내에서 응원가를 부르기도 한다. 아이를 데려온 아버지, 연인, 노인 등 남녀노소 다양하다. 역시 이런 열정은 우리보다 훨씬 앞서는구나. 정신없이 구경하고 있는 틈에 보니 지하철 역마다 각 역의 문양이 다 다르다. 아이고, 디자인하는 직원들은 힘들겠구나. 지하철은 깔끔하고 자주 오며 사람도 적으니 이 정도면 아주 쾌적하다. 서울 지하철엔 늘 사람이 너무 많아서 힘든데 말이다. 아무튼 경기장 바로 앞에 있는 에스타디오 나시오날 역에 도착한다. 내리자마자 엄청난 응원가 떼창이 시작된다. 경기장도 아직 도착 안 했는데 확실히 남 눈치 많이 보는 한국이나 일본에서는 쉽게 볼 수 있는 장면은 아니다. 그래, 난 이런 걸 보러 온 것이지.

경기장 입구로 걸어가는 내내 파란 유니폼을 입은 홈팬들은 떼창을 부르고 환호한다. 대목이다 싶어 머플러와 음료를 파는 상인들도 소리를 지르고 난리가 났다. 아 얼른 들어가서 좀 더 느껴보고 싶다. 경기장을 가는 이유는 축구 경기도 있지만 응원 문화를 보는 것이 더 크다. 축구장 말고 어디서 몇만 명이 떼창과 한 번에 환호하는 곳이 있겠는가. 어휴, 2시간 전인데도 이렇게 사람이 많으니 빨리 가서 관람이 가능한지를 담판 지어야겠다. 입구에 거의 도착해서 여권을 보여주니 검표원이 무언가를 시도하다

나한테 뭐라 뭐라 말한다. 정말 신기한 것이 스페인어는 영어랑 비슷하고 금방 배운다는데 영어를 할 줄 아는 사람이 극히 드물다. 아마도 배울 이유가 많이 없었겠지만. 아무튼 당황해하고 있는 나를 보더니 영어를 할 줄 아는 현장 스태프가 나를 데리고 간다. 대충 설명을 들어보니 아직 여권 시스템 검증에 한국은 안 된다고 한다. 아, 역시 남미의 행정은 시간이 좀 필요하구나. 아메리카 대륙과 유럽 국가들의 여권만 현재 가능하다고 한다. 아마 이 시스템을 구축한 지 얼마 안 된 듯한데 그것도 이해가 가는 게 동양 사람이 칠레에서 축구를 본다? 특이한 일이긴 하다. 어쩐지 외관상 외국인은 안 보이고 다들 나만 쳐다보는 느낌이긴 했다. 칠레 페소 현금도 좀 남는데 뒷돈을 찔러 넣어줘 볼까? 그런데 이렇게까지 해야 하나 싶으면서도 또, 이 제안을 받는 사람에게 모욕적일 수도 있다는 생각이 든다. 불가능한데 뭘 어쩌겠어. 어쨌든 나는 다 시도해 봤으니 미련 없이 그 장소를 떠난다. 호텔에 가서 TV로나 봐야겠다. 아, 생각해 보니 볼리비아에서도 축구를 보려고 갔으면 같은 경험을 했을 수도 있었겠다 싶다. 볼리비아의 행정은 칠레에 비하면 더 말할 것도 없으니까. 그들의 열정을 간접적으로나마 느껴서 어느 정도 만족한다. 숙소에서 TV로 본 경기는 다행인지 재미가 없었다. 경기 시작 2분 만에 홈팀이 골을 넣고 내내 소강상태로 있다가 끝나버렸다. 아, 홈팀이 이겼으니까 분위기는 좋았을까. 이왕 이렇게 된 것 휴식을 취한다. 내일은 아침 일찍부터 드디어 이번 남미 여행의 파트 2 시작, 파타고니아로 떠난다. 파타고니아의 대자연이 한껏 기대된다.

09 | 전 세계 백패커들의 집결지,
칠레 파타고니아 토레스 델 파이네 국립공원

파타고니아의 관문, 푸에르토 나탈레스

자, 이번 여행의 두 번째 파트인 파타고니아 여정이 시작됐다. 그 첫 관문은 칠레의 남쪽 푸에르토 나탈레스. 이곳은 남위 51도로, 뉴질랜드 남섬 최남단보다 아래에 있으며 남극 극지방과 상당히 가깝다. 한반도의 휴전선이 북위 38도인 점을 생각하면 꽤나 극지방에 가깝다는 것을 알 수 있다. 칠레 수도 산티아고에서 아침 일찍 비행 편으로 출발해 특이하게도 푸에르토 몬토라는 도시에서 잠시 멈췄다가 약 30분간 승하차를 하고 다시 출발한다. 칠레 국내선이지만 이런 시스템은 처음 봤다. 아무래도 국토가 남북으로 길게 뻗어 있으니 중간 정류장 같은 개념의 이런 시스템이 있나 보다. 파타고니아는 안데스산맥 중부부터 남쪽으로 이어진 칠레와 아르헨티

푸에르토 나탈레스에서 바라본 해안가 전경. 여름인데 추워 보인다.

나 국경 지대를 의미한다. 이 구간은 매우 아름다운 산맥으로 이루어진 깨끗하고 거대한 자연의 보고로서 전 세계 트레커들이 찾는 공간이다. 이 파타고니아의 관문 역할을 하는 푸에르토 나탈레스는 이를 의식한 듯 공항부터 버스터미널까지 마치 나무 색깔의 산장처럼 꾸며놨다. 그에 맞게도 이곳의 공항과 터미널을 오가는 사람들은 다들 캐리어가 아닌 본인 몸만 한 배낭들을 매고 다닌다. 극지방에 가까운 도시답게 한여름임에도 불구하고 날씨가 차고 바람도 세다. 당장 어제까지의 산티아고가 덥고 습한 동남아시아의 날씨를 보였던 것과 정반대이다. 겨울엔 어떨지 별로 생각하고 싶지 않다. 낮은 건물들이 정렬해 있는 아기자기한 이 도시는 남미의 어떤 도시가 그렇듯 커다란 들개들이 나를 맞이한다. 을씨년스러운 이 날씨와 더불어 무언가 조화롭지 않은 느낌이다. 이번 파타고니아 일정에서는 토레스 델 파이네 국립공원 방문을 위한 칠레의 푸에르토 나탈레스, 페리토 모레노 빙하를 보기 위한 아르헨티나의 엘 칼라파테, 피츠로이 등반을 위한 엘 찰텐 등 3개 도시를 방문할 예정이다. 그중 엘 찰텐은 엘 칼라파테에서 당일 버스 왕복으로 다녀온다. 해외에서, 그것도 지구 정반대편에서의 트레킹이라 기대가 되면서도 걱정도 좀 남는다.

파타고니아에서는 푸에르토 나탈레스에서 2박, 엘 칼라파테에서 3박을 합해 총 5박으로 모두 호스텔 도미토리로 예약했다. 이번 남미 여행의 유일한 도미토리이다. 남미에서는 물품 도난 등의 위험 때문에 도미토리를 피하지만 왠지 산장 같은 이 도시들에서는 백패커들과 함께하는 도미토리에 묵고 싶어 이렇게 선택했다. 가격도 꽤 저렴하고 숙소의 위치와 평도 아주 좋아 내 결정의 이유에 한몫을 더해줬다. 도착한 숙소에서 동양인은 또 나 혼자였는데 생각보다 훨씬 깔끔하고 아늑하다. 한 방에 2층 침대 3개로 6명이 이용하고 각자의 락커가 있어 각자 본인의 자물쇠를 이용한다. 로비와 식당, 화장실, 욕실은 공용 공간이며 신기하게도 이 또한 매우 아늑한 느낌을 준다. 어떻게 호스텔이 이런 느낌을 줄 수 있는지 신기하다. 적절한 이국적인 느낌과 더불어 꽤나 만족스럽다. 식당은 취사가 가능하여 대부분 마트에 가서 식재료를 사 와 직접 요리해 먹는다. 오, 이것이 서양인들의 트레킹 숙소 방식인 것인가. 색다르고 신선하다. 주변의 세탁소를 찾아 밀린 빨래를 맡기고 나도 마트에 한 번 들러 본다. 꽤 오랫동안 한식을 먹지 못했는데 하다못해 한국 컵라면이라도 있으면 좋겠다. 내일 빡센 트레킹을 가야 할 텐데 목이 칼칼한 맵고 진한 국물이 당긴다. 심지어 난 국물을 그렇게 좋아하지도 않는데 말이다. 아니, 그 흔한 한국 컵라면이 지구 반대편이라 없는 것인가. 매운 음식은 한 번 생각나면 답이 없는데 참으로 아쉽다. 내일 등산을 위한 칼로리가 높은 간식과 물을 구매하면서 아쉬움을 달랜다. 어, 그런데 반갑게도 숙소에 도착하니 신라면을 큰 컵으로 팔고 있다. 생각지도 못한 행운에 기쁨이 차오른다. 한국 돈 3,000원으로 좀 비싸긴 하지만 배고프니 얼른 먹어보자. 왜인지 모르겠지만 할랄 인증이 붙어 있다. 그런데 생각해 보니 신라면이 있다는 것은 이곳에 한국인이 이미 거쳐갔다는 흔적이 아니겠는가. 이 호스텔에 한국인도 왔다 갔다니 왠지 모르게 반가우면서도 동시에 내가 처음이 아니라는 점이 약간은 아쉽다. 중요하지 않은 것은 뒤로하고 젓가락과 김치가 없는 한국 컵라면을 허겁지겁 먹었다. 이 호스텔은 꽤나 신기한 것으로 가득하다. 오늘 어차피 쉬는 김에 넓지 않은 이곳의 아늑한 로비에 앉아 천천히 둘러보았다. 벽에 액자로 붙어있는 지도가 눈에 들어온다. 파타고니아 남부 칠레 사이드의 정교한 지도였는데 길과 등산로, 등고선이 표시돼 있는 것은 물론 전망대와 화장실, 산장의 위치와 퓨마, 콘도르 등 출몰하는 동물의 종류와 위치까지 보여준다. 나는 일반적으로 사람들이 좋아하는 기념품, 예를 들면 도시 이름이 크게 박혀있는 마그넷이라던가 스타벅스 머그잔 등에 별 관심이 없는데 이렇게 가끔 눈길을 끄는 것들이 있다. 예를 들면 그 지역의 현재 또는 과거 전통 문양으로 된 정교한 마그넷이나 깃발, 그리고 로컬에서만 구매할 수 있는 지도 정도가 그렇다. 희한하게 어릴 때부터 지도는 보는 것도 좋아하고 소장하는 것도 좋아한다. 가끔 시간이 나면 고지도 박물관도 방문할 정도이다. 그런 의미에서 저 지도는 매우 흥미롭고 나에게 더할 나위 없는 기념품의 자격이 된다. 전시만 돼있는 줄 알았는데 물어보니 팔기도 한단다. 모든 것이 완벽한 숙소로군. 집에 가져가서 액자로 해 놓아야겠다. 내일 날씨만 좋길!

　희한하게도 백인 백패커들로 가득한 푸에르토 나탈레스의 버스터미널은 내가 이곳에 왔다는 걸 새삼 실감하게 한다. 분명 남미 여행 카페 등을 보면 한국인도 많이 가는 것 같던데 다 어디 갔는지 모르겠다. 뭐 언제는 안 그랬나. 버스도 역시 외국에서 온 트레커들로 가득 찼다. 복장은 소위 우리나라 중년 등산객들과 비슷한 바람막이 등에 형광빛 색채가 강하다. 다만 다른 점은 캠핑을 위한 커다란 백팩 정도. 정말 신기한 것은 약 두 시간의 버스를 탄 후 모두가 같은 방향으로 움직인다는 것이다. 아무도 이탈하지 않는다. 목적지가 같으니. 버스를 타고 토레스 델 파이네 국립공원으로 접근하는 이용객들은 크게 두 가지 루트를 선택한다. 당일 일정인 라스 토레스 트레킹, 또는 캠핑 및 숙박을 동반한 W 트래킹. 물론 더 많은 선택지가 많지만 보통은 이렇다. 나의 경우는 라스 토레스(Las Torres)라는 세 개의 봉우리가 한눈에 보이는 호수까지 가는 당일 트레킹을 선택했다. 캠핑할 장비도 없고 시간도 체력도 충분치 않기 때문이다. 라스 토레스는 한국말로 풀이하면 3개의 타워, 즉 3개의 봉이라는 뜻이고 그래서 한국인들은 이것을 토레스 델 파이네를 줄여 속칭 토델파 삼봉투어라 한다. 삼봉이라는 이름을 어떻게 물어봐야 하나 꽤나 고민했던 터라 알게 됐다. 라스 토레스 당일 트레킹은 계곡 깊숙이 있는 호수까지 하이킹을 하고 동일한 길로 나오는 코스이며 트레킹의 출발점인 웰컴 센터에서 편도 약 11km 거리다. W 트래킹은 첫날 이 라스 토레스 당일 트레킹을 포함하여 서쪽에 두 번을 유사하게 깊은 계곡을 찍고 돌아오는 캠핑 혼합 코스로, 그 경로를 지도로 보면 W 모양이라 이름이 이렇게 지어졌다. 고로 커다란 배낭을 메고 캠핑하러 가는 사람들은 W 트래킹을 간다고 보면 된다.

트레킹의 시작점인 웰컴 센터까지 가는 과정은 꽤나 복잡했다. 푸에르토 나탈레스에서 내가 탄 버스는 라구나 아마르가(Laguna Amarga)라는 정류장에서 내려준다. 여기서 국립공원 티켓을 구매 및 검사를 받고 안내받은 곳으로 내려가서 앞에 언급한 웰컴 센터로 가는 셔틀버스를 탄다. 입장료와 별개로 국립공원 내 셔틀버스는 탈 때마다 현금으로 추가금을 지불해야 한다고 한다. 무언가 통일되지 않은 이런 시스템은 불편하고 번거롭다. 마침 또 국립공원 입장권 구매도 신용카드 문제로 결제가 안 돼 진땀을 흘린다. 그래도 어찌저찌 여러 대안들을 가지고 직접 부딪히니 해결은 된다. 평소에 쓰지도 않는 버려진 체크카드로만 결제가 되었던 것이다. 이게 되네? 역시 행운은 나의 편인가 보다. 여행을 다니다 보면 어느 상황이든 그냥 부딪혔을 때 별게 아닌 경우가 많다. 물론 사전에 더 철저히 준비하고 계획을 세웠으면 좀 더 수월했을 수도 있고 마음도 놓였을 것이다. 그러나 늘 그렇듯 여행엔 변수도 많고 직접 겪지 않으면 막연하고 불필요한 정보들로 혼탁해지는 경우가 많다. 그래서 어느 순간부터는 변수를 그대로 받아들이고 거기서 의미를 찾는다. 여행에서 추구하는 스타일이 이렇게 바뀌는 것인가. 이렇게 합리화를 하고 다시 웰컴 센터를 향해 출발한다. 다들 같은 방향으로 가니 길을 잃을 일은 없을 것 같다. 다만 이제부터 염려되는 점은 파타고니아 어디서든 휴대폰 네트워크 사용이 거의 불가하다는 점. 와이파이를 구걸하고 다녀야 할 텐데 그나마도 유료인 경우가 많다. 잠시 인터넷 세계와 의도치 않게 거리를 두어 본다.

토레스 델 파이네 국립공원의 진수 라스 토레스(Las Torres)

본격적으로 트레킹을 시작한다. 작은 배낭 하나만 들고 온 나는 여기서 꽤나 이질적인 존재다. 큰 배낭 멘 많은 사람들은 앞에서 이미 언급했고, 하다못해 커뮤니티를 보면 무릎 보호대와 등산 스틱은 무조건 필수라고 하는데 난 그런 것들도 없기 때문이다. 한국에서 등산을 나름 많이 다닌 편이

라 조금 오만한 것도 없지 않았지만 귀찮은 것이 사실 더 컸다. 뭐, 암벽 등
반도 아닌데 그 정도까지일까 싶어서. 나만 진심이 아닌 것일까. 라스 토레
스로 향하는 긴 행렬에 나는 가벼운 몸으로 거의 뛰다시피 했지만 번번이
많은 사람들에 길이 막힌다. 다들 단체이거나 일행이 있고, 그들은 또 모두
를 위해 천천히 맞춰 가기 때문이다. 그중에 유독 눈에 띄는 친구가 있다.
서양에서 온 남자인데 나와 등산 속도가 비슷하다. 심지어 혼자다. 저 친구
의 페이스를 따라가야겠다 싶어 뒤에서 졸졸 쫓아다녔다. 그러다 한 4km
쯤 걸었을까, 뒤를 돌아보니 엄청난 장관이 보였다.

가끔씩 뒤를 돌아보면 이런 풍경이 펼쳐진다.

어느 산이나 그렇듯 생각보다 많이 올라오지 않았는데도 꽤 괜찮은 조망

을 보여줄 때가 있다. 그런데 심지어 여긴 파타고니아 아닌가. 멀리 보이는 산등성이와 넓게 퍼진 평야, 거기에 아름답게 빛나는 에메랄드빛 호수까지. 갑자기 감상에 젖는다. 그 와중에 갑자기 한 남자가 나에게 말을 건다. 아까 나와 같은 속도로 걷던 친구다. 아주 반갑다. 보통 한국에서 산행을 할 때 혼자 가면 가끔 말을 걸고 동행하게 되는 사람이 있는데 막상 속도가 안 맞으면 꽤나 골칫거리다. 얼른 목적지에 가야 하는 것도 있고, 느리게 걷는 게 꽤나 답답하게 느껴지고 운동도 되지 않는 경우가 많기 때문이다. 그래서 그런지 나는 저 친구가 워낙 반가웠다. 오, 저 친구라면 이곳에서 등산 메이트로 아주 적절하겠구먼. 우리는 서로의 신상을 캐고 같이 등산을 시작했다.

프랑스에서 온 그의 이름은 마르코. 파리에서 나고 자랐고 지금은 스위스에 있다고 한다. 부모님은 세르비아 출신이고 본인이 태어나기 전에 프랑스로 오셨다고 한다. 20년 동안 복싱을 하다가 지금은 그만둔 그는 96년생이고 나보다 훨씬 나이 들어 보이지만 원래 서양 친구들이 다 그렇지 않나. 지금은 스위스의 한 냉동창고에서 일을 하고 있다고 한다. 휴가를 받아 어떤 앱으로 해외 각지에서 고용주에게 일을 해주면 그 고용주가 숙식을 제공해 주는 그런 것을 신청해 여기에 있다고. 꽤나 비용을 아낄 수 있는 여행 방법이니 나보고 참고해 보라고 한다. 이 방식으로 중앙아시아, 캐나다 등 유럽 외 다른 대륙 여러 군데를 갔다고 한다. 꽤나 외향적이고 멋진 친구다. 스페인어를 어느 정도 할 줄 아는 그는 칠레에 칠레인 여자친구가 있다고 한다. 진짜 여자친구인지 잠깐 만나는 사이인지는 굳이 물어보지 않았다. 지금 네트워크가 안 되는 상황에 연락이 없는 그를 그녀가 엄청 기다리며, 자신에게 화가 나 있을 것이라고 한다. 쿨한 척 말하지만 계속 네트워크가 되는지 확인하는 그의 모습을 보며 또 귀여운 모습 한구석을 알게 된다. 가면서 많은 얘기를 했다. 그는 가족이 프랑스 태생은 아

10km 산행 끝에 마주한 라스 토레스(Las Torres)

니지만 프랑스라는 나라에 꽤나 애착을 가지고 있다. 그 관점에서 프랑스, 특히 파리에 아프리카계 이민자가 많은 것에 대해 불만이 많다. 북아프리카에서 온 무슬림들과 서아프리카에서 온 이민자들이 프랑스 내 무시할 수 없는 유권자가 됐고 점점 프랑스 특유의 색이 사라지고 있다는 것이다. 솔직히 내 입장에선 그들과 피부색만 다를 뿐 이민자 가정인 것은 마르코도 같은 상황인지라 그의 불만이 다소 이기적이라고 생각했다. 그러나 또 어느 포인트에선 이해가 된다. 프랑스에선 토착민들과 이민자들, 특히 무슬

림과의 갈등이 심심찮게 일어나고 있다는 사실은 이미 알고 있던 터라. 그는 운동선수 출신이라 몸 관리를 강도 높게 해와서 그런지 탄산음료도, 심지어 주스, 커피도 안 마신다고 한다. 거기다가 SNS는 바보 같다며 계정도 없다는 그는 꽤나 자기 주관이 뚜렷하다. 이것저것 얘기하면서 시간이 꽤나 많이 흘렀다.

마지막 꽤 힘든 돌산 코스가 있는 9~10km 구간에 도달하니 거의 도착한 듯하다. 그 3개의 봉이 보이기 시작한 것이다. 갑자기 확 트이는 시야와 호수, 그리고 라스 토레스가 한눈에 보이니 환상이 따로 없다. 아니 어떻게 물의 색이 저렇고 조합이 이렇게 되는지 신기하기만 하다. 다들 비슷한 생각인지 그 자리에 멈춰 이동할 기미가 보이지 않는다. 마르코와 사진을 찍으면서 이곳저곳 다른 각도에서 봉을 바라보다 보니 아까 우리가 빠르게 지나쳐 왔던 트레커들이 속속 도착하기 시작한다. 파타고니아의 첫 일정에 이 정도면 다른 곳은 어떨지 벌써 기대되기 시작한다. 아마도 고된 산행의 과정이 가져다주는 감동도 한몫했겠지. 등산 코스 자체는 한국과 모습도 과정도 거의 비슷했으나, 이 마지막 목표지의 광경은 절대 한국과 그 근처에서 볼 수 없는 이곳만의 풍경이다. 한여름 남반구 그중 남쪽 끝에 가까운 곳에서 볼 수 있는 이 광경은 아마 몇 년이 지나도 눈에 선하지 않을까. 사진은 이 모습과 느낌을 다 담지 못한다.

내려가는 길은 아주 고달팠다. 등산과 체력에 자신 있었던 나와 마르코도 좀 지친 상황. 그도 그런 것이 몸이 힘든 것보다 왔던 길을 그대로 돌아오는 것이 매우 지루한 터였다. 이대로 11km를 걸어서 돌아가야 한다니. 라스 토레스 후기 중 대부분이 내려오는 길이 힘들었다고 하는데 그 이유를 알 것 같다. 한국에서 등산을 할 때도 하산은 다른 루트로 내려오는 것을 선호하는데, 이곳은 깊고 긴 협곡을 통과하는 것이라 오가는 길이 유일해 어쩔 수 없는 선택지이긴 하다. 더군다나 배가 고프다. 아침에 일찍 나온 탓에 간단하게만 먹고 나왔는데 벌써 시간이 오후가 되었기 때문이다. 엄청난 칼로리 소모가 되었고 우리는 우여곡절 끝에 터덜터덜 웰컴 센터에 도착했다. 말 많던 마르코도 돌아오는 길에서는 말수가 적어진 것을 보니 나와 비슷한 상황임이 분명하다. 웰컴 센터에 도착한 우리는 얼른 먹을 것을 먼저 찾는다. 산이든 어디든 교통이 불편한 곳은 이런 안식처를 제공하는 곳이 독점이고 꽤나 비싼 경우가 많다. 제대로 된 음식은 없었고 푸드 트럭에서 파는 고기가 들어 있는 한국 돈 12,000원짜리 샌드위치뿐이었으나 배고프니 선택권도 없고 어쩔 수 없다. 둘은 허겁지겁 먹으며 배를 채운다.

다 먹고 나니 오후 4시 반이다. 그런데 푸에르토 나탈레스로 돌아가기 위한 라구나 아마르가행 셔틀버스는 7시 출발이라고 한다. 2시간 반 동안 할 수 있는 게 있나? 배가 부르니 갑자기 현실이 보이기 시작한다. 마르코와 지금은 더 할 얘기도 체력도 없고 심지어 와이파이도 없다. 딱히 대안이 없으니 기다리려고 하는데 마르코가 잠깐 어딜 가자고 한다. 같이 간 곳은 웰컴 센터 옆에 있는 커다란 주차장. 가서 푸에르토 나탈레스까지 태워 달라고 하자고 한다. 오잉? 위험하지 않나. 그래 또 별거 없겠지 한 번 해 보자. 이번 트레킹을 오가면서 느낀 것이 해외에서 프렌치 커넥션. 즉, 프랑스인들끼리의 유대는 꽤나 단단한 것을 느꼈다. 해외에서 한국인을 마주치면 반갑기는 하지만 딱히 말을 걸고 친해지는 경우는 조금 제한적인데 프랑스인들은 그런 게 없는 것 같다. 좀 더 정확히 표현하자면 '프랑스어를 사용하는 문화권의 사람들'로 보인다. 등산하면서 지나치는 프랑스인들과 인사하는 것은 물론 프랑스 문화권인 캐나다 퀘벡에서 온 사람들과도 꽤나 친근했던 것을 봤을 때 말이다. 우리가 일본인, 중국인을 각각 구분하는 것처럼 그들도 보이나 보다. 본론으로 와서 마르코는 뜬금없이 짐 정리를 하고 있는 프랑스 게이 커플에게 푸에르토 나탈레스까지 차를 태워달라고 했고 그들은 아주 흔쾌히 동의했다. 너무 쉽게 이루어져서 참 신기하다. 마르코와 이들 덕분에 3시간에 가까운 시간과 셔틀버스, 편도 버스비를 모두 아낄 수 있었다.

12개월째 세계일주 중이라는 게이 커플은 꽤나 즐겁게 살아가고 있다. 인도를 시작으로 동남아-중국-한국-일본-북아메리카를 거쳐 현재 남미에 있는 것이라고 한다. 한국에서는 서울에만 있었으며 바비큐가 꽤나 인상적이었다고 한다. 외국에서 만난 한국 방문자들 중 남자들은 꼭 바비큐 얘기만 한다. 이들은 마치 프랑스 영화 〈몽상가들〉에 나오는 남자 주인공들 같다. 한눈에 봐도 이민자 출신이 아닌 프랑스 태생으로 보이며 프랑스식 개인주의가 곁들여져 여유가 느껴진다. 아주 무심하며 동시에 아주 친절하다. 이외의 대화들은 그들이 프랑스어를 사용하며 프랑스 내 여러 도시와 그동안의 여행 얘기를 하는 듯했다. 중간중간에 나에게 프랑스어를 사용해서 미안하다고 했지만 피곤하고 잠이 계속 오는 탓에 나는 오히려 고마웠다고 하면 좀 이기적인가. 너무나 편안하게 복귀했고 고마운 마음에 5,000페소를 손에 쥐여준다. 딱히 거절도 안 하고 쿨하게 받아 드는 그들의 모습이 인상적이고 가식이 없어서 좋다. 인연이 되면 또 보겠지. 얼른 씻고 잠을 자야겠다. 내일은 국경을 넘어 파타고니아의 두 번째 여정 아르헨티나로 떠나야 하기 때문이다.

10 | 아르헨티나 파타고니아의 보석,
세계 5대 미봉 피츠로이

칠레를 떠난다. 언제 또 칠레를 방문할 것인가. 칠레의 치안에 대한 편견이 좀 있었지만 아주 깔끔하고 기분 좋게 마무리한 나라였다. 운이 좋았던 것일까. 이번엔 파타고니아의 다음 행선지, 아르헨티나의 엘 칼라파테로 떠난다. 이곳은 파타고니아 아르헨티나 사이드의 전초기지 도시다. 도착 당일에는 정리와 준비를 좀 하고 다음날 당일치기로 피츠로이 등산을 다시 떠난다. 그다음 날에는 또 당일치기로 페리토 모레노 빙하를 보러 가는 일정이다. 파타고니아는 도시가 아닌 아웃도어 일정이 많아 생각보다 많은 체력이 드는데, 지금 칠레에서 아르헨티나로 국경을 넘는 과정도 꽤나 피곤해 보인다. 아무래도 볼리비아에서 칠레로 넘어가는 육로의 출입국 사무소 경험이 있었기에 눈이 또 질끈 감긴다. 먼저 도착한 칠레 국경 사무소에서는 버스에서 여권을 가지고 전부 내려 대면으로 출국 수속을 했다. 얼굴 보고 여권 보고 도장만 찍는데 왜 이리 오래 걸리는지 모르겠다. 그래도 볼리비아를 생각해 보면 양반이긴 하다. 그렇게 출국 수속이 끝나고 국경을 넘어 이젠 입국을 위한 아르헨티나의 국경 사무소로 간다. 그런데 희한하게도 따로 내리진 않고 버스기사가 여권을 수거해 가더니 알아서 해온다. 칠레를 입국할 때처럼 짐을 내려서 검사받지도 않고 직접 가지도 않는다. 나야 뭐 간편해서 좋다만 볼리비아-칠레 국경과 무슨 차이였을까 좀 궁금하긴 하다. 내가 혹시나 칠레에서 무기나 마약을 가지고 있었어도 아르헨티나로 갖고 들어오는 데 문제가 없었을 것이다. 여권에 칠레에서 출국할 때 받는 도장만 있으면 그냥 통과인 것일까, 아니면 볼리비아를 못 믿기 때문에 칠레 입국을 좀 더 엄격하게 한 것인가. 그것도 아니면 버스회사에서 뒷돈을 찔러 줬나? 마지막 것은 가능성이 낮아 보인다. 어차피 누구한테 물어봐도 정확한 대답도 아닐 것 같아서 그냥 넘어가기로 한다. 볼리비아만 좀 불쌍한 것으로.

수요가 많아 배정된 2층 버스의 2층 좌석은 탑승객 입장에서 시야가 더 확보되는 게 좋다. 물론 한 2/3 정도는 잠에 들지만 가끔 보이는 넓은 풍경이 새롭다. 옆에 앉은 덴마크에서 온 친구에게 프링글스를 좀 나누어준다. 하지만 말 거는 것은 지금은 귀찮으니 적당한 호의로 끝내고 다시 잠든다. 체력 비축만이 파타고니아를 즐기는 최선의 방법! 호스텔에서 미리 다운받아 놓은 이 지역의 오프라인 구글맵을 보니 버스가 많이 우회해서 가고 있다. 이쪽 방향이 아닌데. 무언가 이유가 있겠지 싶을 때 휴게소 같은 곳을 들렀다. 하, 이래서 원래 3시간 반 거리를 6시간 반이라는 두 배 가까운 시간을 잡아서 판매하였던 것이구나. 물론 출입국사무소에서의 소요시간도 감안됐겠지만 아마도 그 휴게소와 별도 커미션 거래가 있지 않았나 싶다. 많은 사람들이 내려서 먹을 것도 많이 사고 화장실도 많이 가는 것을 보니 뭐, 서로 윈윈인 거래였나 보다. 호텔을 겸한 이 휴게소는 나의 첫 번째 아르헨티나가 되었다.

총 6시간 반을 꽉 채워 드디어 도착한 엘 칼라파테의 첫 이미지는 황량했다. 푸에르토 나탈레스보다 더 북쪽에 있는 이곳은 어찌 보면 그곳과 비슷한 기능을 하는 도시인데 도시의 규모는 더 컸고 외부에서 온 관광객도 훨씬 많았다. 아무래도 파타고니아의 전체적인 자원을 보았을 때 칠레 파타고니아는 푸에르토 나탈레스와 이번에 방문하지 않은 푼타 아레나스가 기능을 분산시킨 듯하다. 그와 다르게 아르헨티나 파타고니아는 엘 칼라파테 한곳에 집중시켜 상대적으로 도시 규모가 큰 것이다. 물론 엘 칼라파테 외에도 엘 찰텐과 우수아이아라는 거점 도시가 있긴 하다. 다만, 피츠로이가 있는 엘 찰텐은 많은 사람들이 엘 칼라파테에서 당일치기로 다녀오는 사람이 많고 아니면 아예 캠핑을 하러 가기에 아주 작은 마을로 남아있다. 또 우수아이아는 지구의 땅끝 마을이라는 이미지메이킹에 펭귄 투어만 보이는 제한된 콘텐츠로 한계가 있지 않았나. 외지인의 시선으로는 그렇게 보인다. 뭐 그렇다고 푸에르토 나탈레스와 엘 칼라파테의 규모가 그렇게 차이 나는 것도 아니긴 하다. 이름들이 벌써 헷갈리지 않는가? 이런 게 나름 익숙한 나도 처음에 너무 헷갈려서 지도에 별도로 표시하고 숙지하는 과정을 거칠 수밖에 없었다. 북한과 중국의 국경도시 신의주와 단둥이라고 하면 단번에 구분이 가는데 여긴 다 스페인어를 사용하기 때문에 다 비슷비슷해 보인다. 이번 글에서는 엘이라는 단어로 시작하는 도시는 다 아르헨티나 사이드라 보면 편해진다. 숙소는 이번에도 호스텔이었는데 푸에르토 나탈레스와 비슷하길 바랐지만 조금 더 이곳은 분위기가 약간 삭막했고 다소 불편했다. 그러나 이런 것은 이제 큰 문제가 되지 않는다. 아, 그리고 이번엔 물도 간식도 넉넉하게 준비해서 토레스 델 파이네에서 겪었던 배고픔이 없도록 해야겠다.

피츠로이 당일치기를 위해 엘 찰텐으로 이른 아침부터 떠난다. 미리 예약해 둔 버스는 예정대로 출발했고, 이번엔 2층 맨 앞자리를 선점했다. 엘 칼라파테에서 엘 찰텐까지 약 200km가 좀 넘는 거리다. 그중 마지막 약 90km 구간은 피츠로이 방향으로 직진 도로로 아주 멀리서부터 피츠로이 봉이 보인다. 이것을 보기 위해 이 자리를 선점한 것이다. 와 좋겠다! 싶었

사진에 보정이 필요가 없다.

지만 출발부터 90km가 남는 구간까지 도달하기 전엔 햇빛이 너무나 따가워 좀 힘들었다. 그러나 피츠로이의 웅장한 파노라마 봉들이 보이기 시작한 다음부터는 서쪽 방향으로 햇빛도 등지고 그 고통의 보상을 받기 시작했다. 이틀 전의 라스 토레스도 그렇고 여기도 그렇고 산봉우리 자체가 남다르다. 물론 물리적으로 아주 먼 다른 곳으로 왔으니 그런 것도 있지만 이곳 파타고니아의 봉들은 회색빛과 만년설, 에메랄드빛 호수 그리고 빙하 등이 어울려 상당히 이국적이고 경이로운 느낌을 준다. 파타고니아 특유의 색과 조합이 있는 것이다. 한국에 있는 산도 계절과 날씨마다 또 다른 느낌으로 한국 특유의 자연의 아름다움을 주긴 하지만 원래 살던 곳에서 자주 볼 수 없던 이런 장면을 마주한다는 것은 신선하고 흥미롭기 마련이다.

조금 가까워진 피츠로이의 미봉을 배경으로 하는 엘 찰텐에 도착했다. 이곳은 푸에르토 나탈레스나 엘 칼라파테처럼 북적거리지 않고 한산하다. 으잉 그럼 쫓아갈 무리는 없고 내가 길을 찾아야 한다는 얘기인데. 조금 귀찮지만 지도 앱을 켜고 길을 찾아 전진한다. 피츠로이도 그저께 간 라스 토레스처럼 시간과 준비 문제로 정상은 가지 못하고 조망이 잘 나오는 라구나 카프리로 간다. 피츠로이 산 아래에 있는 커다란 호수인데 호수와 산의 조합이 매우 아름다운 조망을 만드는 곳이다. 아, 참고로 이런 곳에선 목적지의 길을 찾기 위해 몇 가지 스페인어 단어를 조금 알아 두는 게 좋다. 라구나(Laguna)는 호수, 미라도르(Mirador)는 전망대, 엔뜨라다(Entrada)는 입구, 살리다(Salida)는 출구 이런 식이다. 라스 토레스는 왕복 22km였는데 여긴 얼마나 될까. 대충 후기들로 봤을 때 정확히 얘기해 준 사람들은 없다. 결국 가봐야 알겠지만 그저께 차를 태워준 프랑스 게이 커플이 라스 토레스보다 여기가 더 힘들다고 겁줬던 기억이 스친다.

국립공원의 입구로 진입하며 미리 사 두었던 입장권을 보여준다. 미쳐버린 아르헨티나 물가답게 입장료도 엄청나게 비싸다. 한 번 입장하는데 4만 5천 페소이니 한국 돈으로 한 6만 원 한다. 이게 내일 가는 페리토 모레노 빙하도 같은 가격으로 재발권 후 입장해야 하니 부담이 아닐 수 없다. 그나마 다행인 건 오늘 입장 후 72시간 내에 다른 국립공원에 또 입장하면 반값을 해준다니 총 9만 페소가 아닌 6만7천 페소 정도만 내면 된다. 아이구 고마워라. 참고로 국제학생증이 있으면 7천 페소고, 아침 7시인가 직원들이 출근하기 전에 입장하면 검표가 없어 무료로 들어간다고 한다. 입장료 자체가 생긴 지 몇 개월 안 되어서 그런지 뭔가 엉성하다. 엘 찰텐에서 전날 1

박을 했다면 그랬을 텐데 개인적으로는 그 정도로까지 할 건 아니어서 그냥 입장료를 내기로 한다.

　　라스 토레스도 그렇고 여기도 그렇고 목표지점까지 가는 과정은 한국의 산과 그리 다르지 않다. 활엽수와 침엽수가 적절하게 섞여있고 물이 있고 돌이 있고 흙이 있는 그런 느낌? 다른 점을 굳이 찾자면 물색이 에메랄드 빛이라는 것과 퓨마 등 맹수가 나타날 수도 있다는 것 정도? 물론 다행히도 퓨마를 마주친 적은 없다. 이곳은 토레스 델 파이네 보다 사람은 없지만 그래도 워낙 유명한 구간이니 혼자 하는 정도는 아니어서 길을 잃을 염려는 없었다. 열심히 걷다 보니 벌써 목적지에 도착했다. 여기가 분명 맞는데 너무 빨리 도착했다. 저번처럼 워치 배터리가 부족하면 어쩌나 노심초사했

는데 그럴 이유가 없었다. 수치로 따지면 라스 토레스는 호수 전망대까지 가는데 11km, 여긴 6km다. 절반 약간 넘는 거리고 고도 차도 심하지 않아 아주 무난한 트레킹이었다. 그 프랑스 놈들이 아무래도 나한테 장난친 모양이다. 그런데 그들이 준 다른 팁이 있었는데 사람들이 모여있는 도착지 말고 좌측에 호수를 따라 있는 샛길을 통해 5~10분만 더 가보라 추천했었다. 어쩐지 뷰가 좀 애매하던데 어차피 체력도 시간도 짱짱한지라 이번에도 속는 셈치고 더 들어가 보았다. 10분이 뭐야, 3분 만에 끝난 샛길에는 마치 해수욕장처럼 모래사장이 호수를 둘러싸고 미디어로나 보던 광경이 탁 트이면서 한눈에 들어온다. 이번엔 맞는 말을 했구나 녀석들. 이게 이쪽의 산을 보다 보면 계속 서로를 비교할 수밖에 없게 되는데 라스 토레스와 색이 비슷하다. 나무가 없는 회색의 산과 만년설, 에메랄드빛의 물, 근데 희한하게도 또 다르다. 한눈에 파노라마로 들어오는 라구나 카프리에서의 피츠로이는 아직 멀리 있지만 그것 자체로 주변과 완전한 조화를 이루며 완전체로서의 모습을 뽐낸다. 게다가 여기의 맑은 날씨는 지금 내가 있는 곳이 현실임을 잊을 정도로 꿈꾸는 것 같은 기분이 들게 한다. 그냥 고개를 어디로 돌려도 말 그대로 엽서를 보는 느낌. 세계 5대 미봉이라고 하는데 그 이유가 확실히 있다. 아니, 그럼 3대 미봉은 여기서 더 어떻다는 것인지. 차가운 바닥에 자리를 잡고 앉아 한동안 멍하니 풍경을 바라본다. 눈이 지루할 틈이 없다. 자연이 주는 이 웅장함과 디테일에 내내 압도당하기 때문이다. 이걸 보는 사람들은 다 비슷한가 보다. 나처럼 다들 자리를 잡고 앉아 아무것도 하지 않고 피츠로이 봉을 바라본다. 어차피 시간도 많이 남는데 다시 올지 모를 이곳을 좀 더 즐기다 가야겠다.

피츠로이에서 엘 찰텐으로의 하산 과정은 늘 그렇듯 지루했다. 그나마 약간은 우회 길을 찾아서 초기의 하산 길은 조금 즐겼는데 또 대부분은 올라온 길과 동일해 지루함의 연속이었다. 생각보다 빠른 일정의 종료는 지연됐을 때와 마찬가지로 상당한 비효율을 초래한다. 특히 잘 짜인 여행 일정에서는 말이다. 엘 찰텐에서 엘 칼라파테로 복귀하는 버스는 꽤 많은 시간이 남았고, 나는 이 작은 도시에서 더 머물지 않을 수 없으니 당장 지도를 켜 일단 조용하게 쉴 곳을 찾아 들어갔다. 아직 배는 안 고프니 사람이 거의 없는 한적한 카페에서 음료 하나를 주문하고 와이파이를 제공받아 여유의 시간을 보낸다. 벌써 16일 차에 접어든 이번 여행에서 지금 체력은 아주 중요하게 챙겨야 할 요소이다. 한국에서는 일부러 더 걷고 낮은 층은 계단을 이용하면서 일상에서 의도적으로 체력 소진을 시켰는데 여기선 그렇게 하지 않는다. 쉴 수 있을 때 최대한 쉬어 체력을 늘 비축해 놓아 알지 못하는 변수에 대비해야 하기 때문이다. 이곳 파타고니아는 더 그렇다. 굳이 볼 것도 많지 않은 이 작은 도시를 돌아다니며 몸을 피곤하게 만드는 것은 내일도, 심하게는 그 후의 일정에도 영향을 미칠 수 있다. 다행히 이 카페는 나에게 적절한 쉼터가 되어줬다. 파리가 좀 있어서 짜증은 났지만 말이다. 어느 정도 쉬었을까. 또 끼니를 때워야 할 시간이 금방 다가와 근처에 있다는 스테이크 맛집을 찾아간다. 혼밥 하는 것은 이제 익숙하다. 사실 이제는 좀 혼자 있고 싶은 타이밍이기도 하니 오히려 좋다. 아르헨티나는 사람보다 소가 많아 소고기가 아주 싸다고 하는데 미쳐버린 이곳의 물가 때문에 조금도 체감이 안 되고 오히려 더 비싼 것 같다. 그래도 어쩌겠어, 왔으니 먹어봐야지. 비주얼과 조합은 합격이다. 미디엄으로 익힌 것을 선호하는 나는 아주 맛들어지게 먹방을 시작한다. 역시 유산소 운동 후 오는 엄청난 허기를 채우는 과식은 사람을 행복하게 만든다. 그런데 마침, 신기하게도 이 스테이크집에서 엘 칼라파테 도미토리의 룸메이트 남자 둘을 만났다. 20대 초반에 미국 캘리포니아에서 온 이 두 친구는 영화 〈원스어폰어타임 인 할리우드〉에 나오는 히피의 복장과 콧수염을 가지고 있고 꽤나 쾌활한 친구들이다. 다만 너무 꼬인 미국식 영어에 잘 못 알아들어 많은 대화를 하진 못했는데, 그래도 예상치 못한 만남에 반가운 마음이 커 인사를 나누었다. 여행지에서 만난 인연이 그렇듯 그 뒤로 그들은 보지 못했다. 오래되고 전통 있는 이 허름한 로컬 스테이크집은 나에게 괜찮은 서비스와 경험을 안겨줬으나 팁에 익숙하지 않은 나는 작은 호의를 잊고 이곳을 떠났다. 어쩐지 주인장의 표정이 싹 변한 것 같더라니. 아니, 그런데 이런 물가에 팁 문화까지 남아있는 게 말이 되나? 모르겠다. 로마에선 로마의 법에 따라야 하니. 만족스러운 하루를 보냈으니 돌아가는 버스에서 잠이나 편하게 자야겠다.

11 | 내 눈으로 마주한 진짜 빙하, 페리토 모레노

어제까지 하루 걸러 두 번의 트레킹을 한 덕분에 운동이 된 것 같으면서도 피로도 좀 몰려오는 듯하다. 또 쌀쌀한 날씨도 한몫하기 때문에 그런가. 북유럽 같은 고위도에서도 삶이 이런 모습일까. 고산지대의 건조기후와는 또 확연히 다른 느낌으로 여름이 여름 같지가 않다. 어제 엘 찰텐에서의 피츠로이 일정을 마치고 이제 파타고니아에서는 페리토 모레노 빙하 하나가 남았다. 이야, 빙하라니. 어제까지 산에서 본 빙하가 아니라 진짜 바다에 떠있는 빙하다. 기대가 된다. 남미 여행 자체를 이 빙하를 보기 위해 시작했다는 사람도 있다고 하니 어느 정도일지 궁금하다. 도파민 중독자인 나에게 설마 별 감흥이 없진 않겠지 은근 걱정된다. 지구상에서 극지방에 가장 가까운 관광지 중 하나인 이곳에서 볼 수 있는 페리토 모레노 빙하는 파타고니아 산지에서 흘러내려온 엄청난 양의 빙하가 장관이라고 한다. 모레노 빙하는 라스 토레스나 피츠로이처럼 많은 체력을 요구하는 장소는 아니라 가서 다른 활동이 있는지도 확인해 봐야겠다.

　도미토리로 된 숙소는 푸에르토 나탈레스에서도 그렇고 여기 엘 칼라파테에서도 마찬가지로 혼숙이다. 이런 식의 숙소에서 머물러 보는 것은 대학생 때 배낭여행으로 갔던 유럽 이후로 처음이다. 푸에르토 나탈레스에서는 방에서 혼자 남자였지만 저녁 일정이 안 맞았던 터라 룸메이트의 얼굴도 제대로 보지 못했다. 그런데 이곳에는 6인실에 어제 마지막으로 만난 캘리포니아 출신 남자 둘 말고 네덜란드에서 온 두 여자는 꽤나 자주 마주쳤다. 암스테르담 근교 작은 도시에서 왔다는 안나는 내가 생각하는 전형적인 서유럽 사람이다. 하얀 피부에 무심한 듯한 표정에 개인주의가 강하지만 또 말을 하다 보면 친절하며 취향이 확실하고 사람들과 잘 어울리는 그런 모습의 사람들 말이다. 라스 토레스에서 차를 태워줬던 프랑스 게이 커플과 비슷한 느낌이다. 안나는 그 옆에 있는 정말 말 그대로 무심한 친구와 달리 나와 재밌게 인사를 나누었다. 사실 피츠로이에 다녀온 어젯밤에 공용 욕실에서 씻고 나온 후에 혼자 좀 쉬려고 방문을 덜컥 여는 순간 그녀는 하필 옷을 갈아입고 있는 중이었다. 당황한 나는 "오우, 쏘리!(Oh, Sorry!)"라는 말이 조건반사적으로 나오며 황급히 문을 닫았는데, 오히려 그녀는 나의 이런 반응이 너무 웃겼는지 괜찮다고 들어오라고 한다. 아니야 괜찮아. 나는 보고 싶지 않아. 속으로 그렇게 생각하면서 조금 지나서 다시 들어가니 깔깔 웃고 있다. 그러면서 통성명을 하게 되었는데 나름 이게 아이스브레이킹이 된 듯하다. 대화를 하다가 그녀는 내일 모레노 빙하에 가는데 택시 동행을 하자고 제안했지만, 방금 씻기 전에 예매해 둔 취소 불가 왕복 버스표를 보여주며 안타깝게 거절했다. 아, 재밌는 동행이 될 수 있었는데. 난 계획적으로 다니지도 않았는데 씻고 나와서 예약을 할 걸 좀 후회되긴 했다. 그래 뭐 가서 볼 수 있으면 보는 거지. 그래도 룸메이트들과 안면도 좀 트고 나름 편해지니 도미토리의 불편함의 상당 부분이 상쇄되는 효과가 있다.

또 버스다. 벌써 버스가 지겹다. 어쩔 수 없는 선택지이긴 하지만 아마 이번 여행의 반은 이동 시간으로 채웠을 것이다. 엘 칼라파테 시내에서 서쪽 해안가로 한 시간 반 정도 걸리는 이곳은 거의 도착하는 시점부터 저 멀리 거대한 빙하가 보이기 시작한다. 이 남부 파타고니아 지역은 버스의 마지막 도착 지점에서 보이는 이런 자연의 거대한 광경이 일종의 트레이드마크이다. 도착의 기쁨과 함께 마주하는 아름다운 형상은 내가 이곳에 왔다는 비현실적인 현실을 깨닫게 해 준다. 모레노 빙하는 세 가지의 관광 루트가 있다. 하나는 미니 트레킹이라 해서 별도의 승인을 받은 투어사가 동행해 빙하의 위로 올라가 빙하를 밟아보는 경험을 하는 것이다. 두 번째는 보트 투어로 별도로 예약한 보트에 여러 사람이 타고 육지로 볼 수 없는 빙하

바깥쪽을 관광하는 코스이다. 마지막 세 번째는 육지에 설치된 트레일 도보로 그냥 걸으면서 바다에 보이는 빙하를 보는 코스이다. 대충 느꼈겠지만 첫 번째부터 순서대로 비용이 높은데 셋 다 국립공원 입장료 기본에 미니 트레킹은 거의 뭐 한국 돈으로 6~70만 원이 드는 남미를 통틀어도 과도하게 비싼 수준이다. 보트 투어는 한 8~9만 원 하는데 빙하에 딱히 가까이 가지도 않고 그냥 바다 상에서 빙하를 보는 투어다. 마지막 세 번째는 입장료 외에 비용은 없다. 이제 나의 선택이 보이겠지. 역시 나는 세 번째를 택했다. 이곳이 유명한 이유는 육지에서 아주 가까이 빙하를 볼 수 있기 때문인데 그래서 그런지 두 번째 보트 투어는 전혀 구미가 당기지 않았고, 첫 번째는 경험에 비해 비용이 과도했다. 또 빙하에 올라가면 빙하 전체의 모습은 보기 힘들지 않은가. 후기들을 보니 각자 다들 생각이 다른 듯한데 여행뿐만 아니라 모든 것은 내가 스스로 결정하고 온전히 받아들이면 된다. 오늘도 열심히 걸어보자.

버스는 빙하가 보이지 않는 육지 관람 트레일 가장 끝 쪽에서 멈췄고 관람은 여기서부터 시작됐다. 지도에서 대략 가늠을 해보니 트레일은 상당히 길었다. 엘 칼라파테로 돌아가는 버스가 4시간 뒤인데 생각보다 4시간이 짧을 수도 있겠다는 생각이 들 정도로. 오늘은 좀 쉬엄쉬엄 하나 했더니 또 한참 걷겠구먼. 빙하를 향해 볼록 튀어나와 있는 이 지형은 산과 바다를 같이 끼고 있어 마치 우리나라의 변산반도와 모습이 매우 유사하다. 그 서쪽 육지 끝에는 빙하가 거의 맞닿아있다. 이 트레일의 시작점인 반도의 북쪽 끄트머리에서는 저 멀리 거대한 빙하의 모습과 바다 위에는 따로 떨어져 나온 작은 유빙 몇 개가 떠다니는 것을 볼 수 있다. 색은 마치 소다 색의 아이스크림처럼 바다의 색과 이질적이다. 저게 정말 자연의 색인가 싶을 정도이다. 빙하가 있는 극지방 가까운 곳이 아니면 보기 힘든 색이다. 발걸음을 재촉해 얼른 빙하에 더 다가간다. 주기적으로 큰 소리가 들린다. 소리는 마치 군대에서 들었던 폭약의 소리나 천둥의 소리와 유사하다. "쿠구궁" 하는 소리는 도대체 어디서 나오는 소리인가. 설마 이 근처에 군부대가 있을 리가 만무하고. 직감적으로 빙하에서 나오는 소리라는 생각이 든다. 무

슨 현상이 이렇게 큰 소리를 만드는 것일까.

　점점 가까워지는 빙하는 볼수록 웅장하다. 표현이 점점 식상해지는 것 같지만 파타고니아에서는 어쩔 수 없다. 내 눈에 담기는 이 비현실적인 모습을 뭐라 말할 수 있는 표현 자체가 제한적이다. 저 멀리 보이는 만년설로 뒤덮인 산 계곡 깊숙한 곳부터 엄청난 양의 빙하가 아주 천천히 쏟아져 내려오는 형상이다. 그 빙하의 끝은 트레일과 아주 가까이 맞닿아 있다. 빙하는 육지 가까이 닿을 듯하다가 상대적으로 따뜻해진 온도와 해수로 인해 끝이 조금씩 녹아내리며 간헐적으로 무너져 내린다. 좀 전에 들었던 커다란 소리는 이 빙하가 바다에 무너져 내리는 소리였던 것이다. 그 소리마저 경이롭다. 어떻게 자연에서 저런 소리가 나는 것인가. 빙하가 저렇게 가까이 있는데도 불구하고 소리를 먼저 듣고 나서 그곳을 보면 이미 빙하가 떨어져 내려가 있다. 이미 그 소리를 듣는 순간은 늦은 것이다. 아주 자연스럽게 내가 여기 있는 동안의 미션은 빙하가 무너져 내리는 순간을 포착하는 것이 되었다. 보니까 다른 사람들도 비슷한 생각을 하는 것 같다. 빙하가 무너져 내리는 모습은 경이로움과 더불어 본능적으로 위험함을 느낀다. 저 정도 소리가 나는 현상은 물리적으로 커다란 충격을 가져오기 때문이다. 뒤늦게 본 바다의 파동은 그 충격을 어느 정도 가늠케 한다. 이는 보트 투어가 빙하에 많이 가깝게 가지 못하는 이유가 될 것이고, 미니 트레킹이 고액의 비용이 드는 것도 그럴 것이다. 전문 투어사가 빙하가 무너지지 않을 안전한 포인트를 짚어내는 것이 매우 중요할 테니. 이 거대한 빙벽에 어느 부분이 무너지고 떨어져 나갈 것인지 조금도 예측이 되지 않는다. 이 무작위의 현상들은 치명적인 자연의 힘을 보여주며, 또 동시에 적절한 균형과 조화를 이루는 모습으로 인간으로 하여금 자연의 섭리에 경건한 마음을 갖게 해 준다. 그러니 다들 비용과 시간을 들여 이렇게 보러 오는 것이겠지. 젊은 사람들도 많긴 하지만 중장년층이 많이 보이는 것도 그 이유 중 하나일 것이다. 게다가 이곳은 확실히, 특히 파타고니아 내에서 등산을 해야 볼 수 있는 다른 관광지들에 비해 비교적 신체적 수고는 덜 들어가는 것도 이유가 추가되었을 것이다. 산책 정도의 수준으로 가까이 보이는 빙하의 웅장함을 느낄 수 있기 때문에.

운 좋게 빙하가 무너지는 순간을 목격했다.

걷다가 멈추고 걷다가 멈추고 빙하를 바라보며 소위 멍을 때린다. 아주 기가 막힌 위치에 만든 이 트레일은 빙하를 여러 방면에서 바라볼 수 있는 최적의 장소이다. 생각해 보면 고지대에서 저지대로 천천히 움직이는 빙하

를 육지에서 이렇게 육지에서 가까이 볼 수 있는 곳이 있다는 것은 여러 우연이 겹치지 않으면 쉽지 않다는 것을 이곳에서 보면 단 번에 알 수 있다. 빙하라는 것이 워낙 거대하고 유동적이라 어떤 물리적 구조물을 세우기도 어렵고, 아예 바다나 강물 위에 무언가를 띄우기도 어렵기 때문이다. 빙하를 가까이서 직접 볼 수 있는 가장 일반적인 방법은 배를 이용한 접근뿐인데 그러면 또 인원 자체가 제한되지 않겠는가. 페리토 모레노 빙하 포인트가 전 세계적으로 유명한 빙하 관광지가 된 것은 거기서 기인했을 가능성이 크다. 물론 파타고니아로 묶인 것도 있겠지만 말이다. 게다가 이곳의 적절한 따뜻한 온도도 한몫한다. 빙하는 얼음체이니 당연히 추운 곳에 존재하는데 빙하가 녹는 지점이며 빙하의 끝인 이곳은 경량 패딩 하나로도 충분히 감당이 가능한 온화한 온도다. 빙하가 유지되어 있는 곳을 가려면 그냥 생각해 봐도 그곳의 온도가 얼음이 어는점인 최소 섭씨 0도인 곳에 가야 하니 얼마나 춥겠는가. 물론 지금이 남미의 여름이라는 점도 감안은 해야 한다.

어제 갔던 피츠로이도 그렇고, 결국 이런 아름답고 이국적이며 거대한 경관을 만드는 것은 빙하의 몫이 꽤 크다. 세계 5대 미봉을 찾아보면 다 만년설이 있는 해발고도 최소 4~5,000m 이상의 높이에 있는 산들이다. 이 만년설들이 얼어 흘러내리면 우리가 알고 있는 물이 V자의 깊은 계곡을 만드는 수준보다 훨씬 더 넓고 거대한 U자형 계곡을 만들게 된다. 그렇게 되면 계곡이 넓어 관람자의 입장에서는 시야가 확보되고 모습은 더 웅장해지는 것이다. 북유럽의 피오르드도 같은 원리로 크게 크게 뭉툭한 모양의 해안선의 모습이 되는 것이다. 우리나라의 서해안처럼 좁고 복잡하지 않다는 말이다. 페리토 모레노 빙하는 특히 더 웅장한 이유가 서쪽에 있는 높은 산들에서 내려온 이 빙하들이 흘러 흘러 모이게 되는 가장 낮은 곳에 위치했기 때문이다. 거대한 빙하 군집지가 된 것이다. 높이는 50~70m 정도 되고 그 폭은 4km로 정말 말 그대로 거대하다. 이런 것을 계속 보다 보면 한 번 봤던 것도 다시 보게 되고 아까 분명 사진을 찍었는데 또 같은 모양을 또 찍게 된다. 나도 모르게 이 웅장함에 이미 압도되어 약간 정신을 못 차리고 있는 것이다.

이렇게 서너 시간이 훌쩍 지나간다. 어떻게 아쉽지 않을 수 있겠냐마는 그 아쉬움의 정도를 줄이기 위해 최대한 이곳을 내 머릿속에 저장해 둔다. 앞서 계속 얘기했듯 아무리 기술이 좋아져도 카메라로 담는 것은 한계가 있다. 아주 약간의 아쉬움만 남긴 채 빠른 걸음으로 복귀 버스 정류장으로 이동한다. 아쉬움도 잠시, 버스 정류장에서도 예상치 못한 이벤트가 있었다. 바로 안데스 여우를 본 것이다. 이곳 파타고니아에는 여러 동물들이 사는데, 라마나 과나코 같은 초식동물들은 보기가 쉽고, 넓은 초원에 방목되고 있는 소, 양, 말도 흔하다. 그러나 육식동물만큼은 마주치기가 쉽지 않은데 그중 하나인 여우를 마주한 것이다. 실제로 야생의 것을 본 것은 처음

인데 상상했던 것보다 귀엽지는 않고 심지어 크고 거칠어 보인다. 크기는 대형견과 중형견 사이이며 전체적으론 오렌지색이며 배는 하얗고 등과 꼬리의 윗부분은 짙은 회색빛의 털이 자라 있다. 분주한 걸음으로 먹을 것을 찾으며 본능적으로는 사람이 모인 곳은 피한다. 귀엽지 않은 이 생명체는 이 파타고니아의 야생성을 다시 한번 일깨워 준다. 내친김에 퓨마도 봤으면 좋지 않을까 생각해 봤는데 마주쳤다면 난 지금 이 글을 못 쓰고 있지 않았을까 싶다.

침엽수로 빽빽하게 가로수가 늘어선 엘 칼라파테로 복귀하니 오후 4시쯤 되었다. 양고기 스튜 맛집이 있다고 하니 여기서 이른 저녁을 먹고 숙소로 가서 얼른 쉬어야겠다 싶었다. 와이파이 비밀번호를 물어보니 messi를 세 번 입력하란다. 2022년 카타르 월드컵에서 아르헨티나가 우승을 한 후에 정말 메시는 이 나라의 메시아가 되었나 보다. 17일째 이곳저곳 옮겨 다닌 강행군으로 몸이 조금 지쳐있는 듯하다. 내일부터는 아르헨티나의 수도 부에노스아이레스로 넘어가 나름의 휴식을 취하기는 하지만 여행이란 또 어떻게 될지 모르는 법이다. 쉴 수 있을 때 최대한 쉬어 놔야 한다. 배부른 상태에서 도착한 도미토리 방 안에는 다행히 나밖에 없다. 씻고 정비 후 누워서 하루를 정리하는데 저녁 8시쯤 안나와 친구가 들어온다. 나와 비슷한 일정을 보낸 안나와 모레노 빙하에 대한 감상을 나누다가 다 같이 한잔하러 가자고 한다. 이미 씻고 나와 노곤한 상태에서 술이라. 오늘은 휴식이 필요하니 제안은 고맙지만 휴식이 필요하다며 정중히 거절했다. 쿨한 유럽인답게 재차 묻거나 설득하지는 않는다. 다음날 새벽에 부에노스아이레스로 떠나기 때문에 그 후로 그 친구들을 보지 못했는데 내심 아쉽다. 괜찮은 친구들로 남을 수 있었을 텐데. 일정도 체력도 타이밍이 맞지 않았다. 그들은 나를 무심한 코리안으로 생각하진 않았을까.

칠레 Chile

수도	산티아고 데 칠레 Santiago de Chile
인구(2025)	1,986만 명
국토 면적	756,096㎢ (우리나라의 약 8배)
민족 구성	백인 59%, 메스티소 25%
종교	가톨릭 57%, 개신교 14%
공용 언어	스페인어

경제 규모

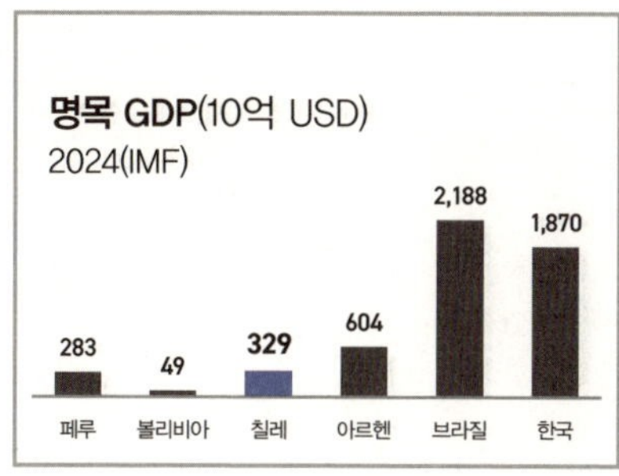

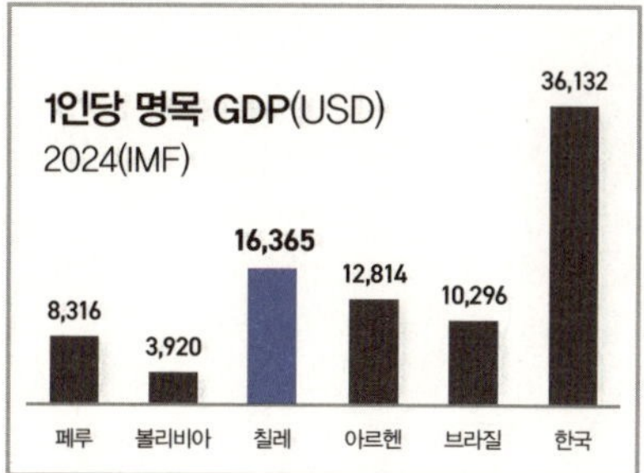

무역 규모

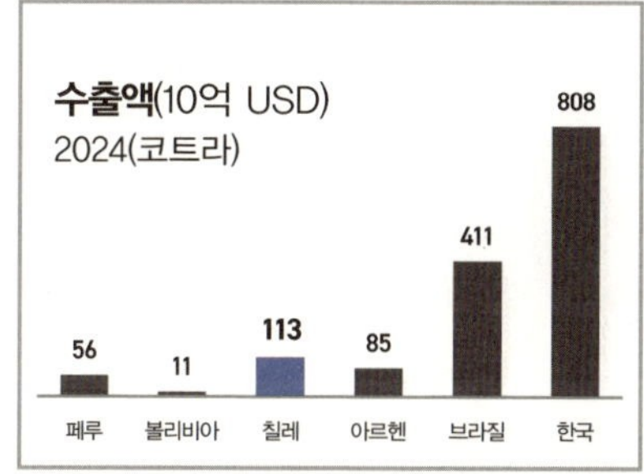

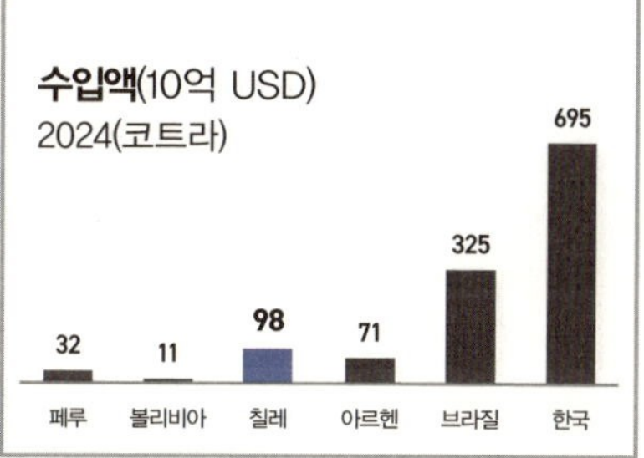

수출 품목: 구리 40%, 과일 10%, 수산물 8%, 목재 7%, 리튬 6%

수입 품목: 기계류 14%, 자동차 13%, 석유제품 11%, 의류 10%, 전자 7%

부록(4)

여행 경로

중간에서야 체크하는 여행 경로,
남미 대륙 15,000km의 대장정

동아시아와 정반대에 있는 남아메리카를 어떤 이유에서건 방문한다는 것은 상당한 노력과 시간, 비용이 소요된다. 그러므로 철저한 계획과 준비가 필요한데, 여행에 있어서는 MBTI의 P 성향인 나는 그렇지 못했다. 여행을 갈 때마다 오로지 비행 편과 숙소만 예약하고 훌쩍 떠나 현지에서의 변수를 그대로 받아들이고 적응한다. 과연 이런 내 여행 스타일이 남미 여행에도 통할 것인가. 결론부터 얘기하자면 비행 편과 숙소만 예약하는데도 엄청난 공수가 들었다. 일단 환승 횟수를 제외하고 비행 편은 총 11번, 그리고 10개의 숙소 예약이 필요했다. 어마어마하지 않은가. 거기다가 어디서 어떤 투어 프로그램을 하는가에 따라 숙소도, 일정도 변동이 가능하니 여러 변수를 감안하여 계획할 수밖에 없다. 제한된 시간에 몸 가는 대로 흐르듯 여행을 하기란 아무래도 제약이 있기 마련이다.

전형적인 반시계 방향의 남미 여행 루트

24박 27일에 5개 국가, 14개 도시. 그 와중에 몇 개의 스폿은 제외했다. 양자택일을 할 수밖에 없는 경우도 많이 생겼기 때문이다. 위 지도에서 볼 수 있듯이, 페루의 수도 리마로 들어와 대륙의 남쪽으로 크게 돌아 동쪽 상파울루로 나가는 가장 인기 있고 전통적이며 전형적인 반시계 방향의 여행 루트였다. 반시계 방향 루트의 장점은 몇 가지가 있다. 첫 번째로는 초반에 힘들고 후반부에 편해지는 루트라는 점이다. 여행의 초중반부까지는 고산지대와 사막, 빙하지대 등을 거치며 상당한 체력 소모를 불러오는데 후반부로 갈수록 저지대의 대도시 위주여서 몸이 점점 편해지는 여행이 된다. 두 번째로는 사람들이 가장 많이 선호하는 루트로 일정이 상대적으로 유연하다는 점이다. 반시계 방향 루트가 교통편도 더 많고 저렴하며 심지어 정보도 훨씬 많다. 단점은 여행을 하면 할수록 한국에서 멀어져 집으로 돌아가는 비행시간이 점점 늘어난다는 것 정도. 반시계 방향과 반대인 시계방향 루트는 위에서 말한 것들과 당연히 정반대일 것이다. 그럼에도 시계방향 루트로 여행하는 사람들을 종종 볼 수 있다. 그만의 매력이 있겠지 아마도. 앞글에도 언급했지만 이번 여행은 크게 3개 파트로 나누었다. 첫 번째 파트는 페루부터 칠레 산티아고까지 고산지대-사막을 잇는 루트. 두 번째 파트는 칠레와 아르헨티나 국경지대의 파타고니아 루트. 마지막 세 번째 파트는 부에노스아이레스-이구아수-리우데자네이루로 이어지는 동쪽 해안 대도시 루트이다. 하나하나 살펴보자.

마추픽추와 우유니 사막으로 대표되는 파트 1 루트

　서울에서 출발하는 제일 저렴한 항공권을 찾다 보니 두 번이나 환승을 하란다. 김포공항-도쿄(하네다)-미국 LA-페루 리마. 가까운 김포공항에서 출발한다는 것이 장점이지만, 두 번의 환승이라는 점이 꽤 피곤하다. 항공사는 일본항공(JAL). 거기다가 악명 높은 LA 공항(LAX)에서의 환승과, LA부터는 다른 항공사인 라탐 항공(LATAM)으로 환승한다는 것이 꽤나 불안 요소로 작용했다. 눈물 없이 볼 수 없는 이 스토리는 따로 다루려고 한다. 드디어 남미의 페루, 리마로 밤늦게 입국하고 나서는 1박을 하고 리마 시내에서 시간을 보낸다. 그리고 그날 저녁 쿠스코행 비행기에 몸을 담는다. 쿠스코는 해발고도가 3,500m가 넘기 때문에 고산병 약을 꼭 챙겨 먹고 비행기를 타야 한다. 밤에 도착한 쿠스코에서도 하루 묵고 쿠스코에서 출발하는 1박 2일 투어를 떠난다. 이 투어는 성스러운 계곡 투어와 그 유명한 마추픽추 투어도 포함된다. 투어 마지막 날 밤, 쿠스코에 도착해 하룻밤을 보내고 다음 날은 하루 온전히 쿠스코에서 보낸다. 다음날은 아침에 바로 볼리비아 수도 라파스로 떠난다. 볼리비아는 이번 남미 여행에서 유일하게 관광비자가 필요한 곳으로 행정 처리에 유념해야 한다. 라파스에서는 3박을 하고 아침 일찍 우유니 사막으로 떠난다. 라파스에서는 아무래도 도시에서만 있기도 뭐해서 차칼타야산 투어 등 당일치기 투어도 참여한다. 우유니에서는 칠레 국경으로 넘어갈 때까지 2박 3일간의 투어 프로그램에 몸을 담는다. 첫날엔 우유니 소금 사막, 둘, 셋째 날엔 소금 사막 남쪽의 광활한 고산지대의 사막 자연 곳곳을 투어 한다. 그리고 볼리비아-칠레 국경에서는 버스를 타고 넘어간다. 유럽을 제외하고 인생에서 처음으로 육로를 통해 국경을 넘어본다. 그렇게 칠레 국경을 넘어 산 페드로 데 아타카마 도시에 도착하면 한나절 정도 있다가 칼라마라는 버스 한두 시간 거리 도시로 넘어가 칠레의 수도 산티아고로 날아간다. 원래는 산 페드로 데 아타카마에서 아타카마 사막을 보고 가야 하는데 일정 관계상 생략해 버려 아쉽다. 산티아고는 파트 1 루트에서 쌓인 여독을 푸는 쉬어가는 도시이다. 여기서 꼬박 하루를 쉬고 파트 2인 파타고니아로 넘어간다.

파타고니아의 핵심 지역을 거치는 파트 2 루트

산티아고에서 푹 쉬고 파트 2 파타고니아로 넘어간다. 파타고니아의 일정은 정말 말 그대로 자연을 보고 느끼기 위한 일정인데, 두 번의 트레킹과 한 번의 빙하 관람이 있다. 먼저 도착하는 곳은 칠레의 푸에르토 나탈레스. 이곳에서는 2박을 하는데, 첫날은 다음날 트레킹을 위한 준비 및 빨래 등의 정비를 한다. 둘째 날은 대망의 토레스 델 파이네(Torres del Paine) 국립공원으로 가 라스 토레스(Las Torres) 산봉우리를 보러 간다. 올라가는 게 아니고 보러 가는 것이니 하루 만에 가능하다. 그럼에도 왕복 약 20km의 트레킹 코스로 막 수월하지는 않다. 돌아와서 밤에 푹 쉬고 다음 날 아침엔 칠레를 떠나 아르헨티나로 향한다. 그 도시의 이름은 엘 칼라파테. 이곳도 버스를 타고 육로로 국경을 넘는데, 파타고니아에서는 처음과 끝을 제외하고는 모두 버스로 이동한다. 엘 칼라파테에서는 이튿날 아침 일찍 버스로 엘 찰텐으로 떠나 피츠로이를 당일치기로 보러 간다. 조망이 예쁘게 나오는 라구나 카프리(Laguna Capri)까지만 가는데 이는 왕복 약 12km의 트레킹 코스이다. 다음 날인 마지막 날은 산맥에서 내려온 빙하를 볼 수 있는 페리토 모레노 빙하(Perito Moreno Glacier) 관람이다. 하루 넉넉하고 여유롭게 빙하를 관람하면 파타고니아에서의 파트 2 일정이 종료된다.

남미를 대표하는 대도시들과 이구아수폭포가 포함된 마무리 파트 3 루트

이번 여행의 마지막 파트 3는 3개의 대도시와 이구아수 폭포로 이루어져 있다. 파트 3에서 가장 긴 시간을 보내는 부에노스아이레스에서는 4일을 보낸다. 여기서는 파타고니아에서 사용한 체력을 회복하고 시티 라이프를 즐기며 두 번의 축구 경기를 관람한다. 하루 시간이 남으면 우루과이의 수도 몬테비데오를 가볼까 했는데 굳이 그러지 않았다. 부에노스아이레스에서 여유롭고 긴 여행을 보내고 이구아수 폭포로 떠난다. 이구아수 폭포는 아르헨티나, 브라질, 파라과이 삼국이 국경을 마주하고 있다. 그 도시들

은 각각 아르헨티나는 푸에르토 이구아수, 브라질은 포즈두이구아수, 파라과이는 시우다드 델 에스테인데, 이 중 아르헨티나와 브라질만 방문한다. 이 두 도시에 걸쳐 이구아수 폭포가 있기 때문이다. 이구아수 폭포 공원은 아르헨티나, 브라질 각각 사이드에 거대한 국립공원으로 설치되어 있고 두 방면 모두 관람하는 것이 일반적이다. 시간이 되면 파라과이 시우다드 델 에스테에도 잠시 들러 볼까 했는데 그러지 않았다. 우루과이 몬테비데오처럼 큰 의미를 가지지 못한 찍어 먹기 수준의 일정에 그칠 것이기 때문이다. 부에노스아이레스에서 비행 편으로 푸에르토 이구아수에 도착하면 아르헨티나 사이드에서 이구아수 폭포를 관람하고 브라질 포즈두이구아수로 버스를 이용해 국경을 넘는다. 남미에서 타는 마지막 버스이다. 여기서 다음 날 브라질 사이드의 이구아수 폭포를 관람하고 다음날 리우데자네이루로 떠난다. 일정을 조금 잘못 짜서 리우에서는 한나절만 있는다. 그 한나절 동안 세계 3대 미항 중 하나인 리우의 해변가를 거닌다. 이파네마와 코파카바나 해변에서 즐거운 오후 시간을 보내고 다음 날 아침 일찍 상파울루로 움직인다. 브라질에서 가장 큰 도시 상파울루에서는 별도 숙박 없이 하루를 꼬박 시내에서 시간을 보내고 밤늦게 서울로 향하는 비행기를 탄다. 당연히 직항은 없어 에티오피아항공을 타고 에티오피아의 수도 아디스아바바에서 경유 후 인천공항으로 귀국한다. 이런 일정에 브라질과 에티오피아의 커피 원두를 부탁한 사람들도 좀 있었다.

남미로 들어가고 나오는 항공편의 거리를 제외하고 대륙 내에서의 직선 이동 거리만 합쳐도 15,000km가 넘는 대장정이다. 해외에서 짧은 거주 경험을 제외하고 이렇게 긴 여행은 처음이라 의미도 느낌도 남다르다. 특히나 지구 반대편에 있는 남미라니. 좀처럼 닿기 힘든 곳. 내 인생에 다시 이곳을 와볼 수 있을까. 기억에 각인시키기 위해 이제 남은 이야기도 이어서 글을 남겨본다.

4부

파리보다 더
파리 같은

부에노스 아이레스

12 | 왜 이곳을
남미의 파리라 부를까

곳곳에 보이는 아르헨티나의 민낯

3월 3일 (20일 차) 남아메리카 - 아르헨티나 - 부에노스아이레스

아, 이제 몸을 쓰는 힘든 일정은 이번 남미 여행에서는 더 이상 없다. 이구아수 폭포도 몸이 힘들까? 이 여행의 마지막 파트인 아르헨티나와 브라질의 도시들, 그리고 이구아수 폭포만이 남았다. 이구아수 폭포를 제외하면 남은 일정의 대부분은 도시에서의 휴식이다. 여러 여행 경험상 도시에서는 크게 할 것이 없다. 도시가 도시지 뭐 별게 있겠는가. 물론 그 도시가 역사적으로 의미가 깊은 곳이라면 얘기가 달라지지만 내가 아는 한 남미에는 그런 도시가 별로 없다. 단지 스페인과 포르투갈 등 식민지 정부가 필요에 의해 세운 도시 인프라인 것에 그치는 경우가 많다. 물론 이것도 아주 중요한 인류의 근대 문화유산이지만 나에게는 딱히 매력적이지는 않다. 유

럽 도시들과 큰 차이가 없기 때문
이다. 처음으로 만난 부에노스아
이레스. 어떻게 보면 남미에서 그
의미에 가장 적합한 유명 도시이
다. 이곳은 아주 식상한 표현으로
남미의 파리라고 불리는데 와보니
그 이유를 단번에 알겠다. 정말 파
리와 비슷하다. 좀 더 정확히 표현
하자면 도심부는 파리와 다르지
않고, 해안가는 스페인의 바르셀
로나와 비슷해 적절하게 섞어 놓
은 느낌이다. 도시 내부 건물과 거

리들은 정말 몇 군데 사진을 찍어놓고 파리라고 해도 믿을 정도로 유사하
고 화려하다. 완전히 다른 대륙의 이 유럽식 도시는 어찌 보면 파리보다 더
파리 같을 것이다. 이곳은 20세기 초 중반의 두 차례 세계대전을 겪지 않
았고 19세기 말~20세기 초반까지 유럽에서 온 이민자들이 구축한 모습 그
대로를 유지하고 있기 때문이다. 페루의 리마나 칠레 산티아고의 느낌과
는 또 다르다. 리마와 산티아고는 식민 정부의 주요 핵심 중심지만 유럽식
으로 해놓은 정도로 보이는데 부에노스아이레스는 도시의 대부분을 섬세
하고 정밀하게 파리를 옮겨다 놓은 듯하다. 낮고 규칙적인 건물들에 정교

한 유럽식 조형물들, 심심하면 보이는 아르헨티나 유명인의 뜬금없는 동상 등. 마치 자신들의 유럽적인 정체성을 누가 의심이라도 하면 안 된다는 듯이 곳곳이 유럽풍으로 도배되어 있다. 이런 것을 보면 부에노스아이레스라는 곳의 특이점이 없다고 볼 수도 있는데, 사실 반대로 이 점이 이곳의 특이점이 되어버린 듯하다.

19세기 말, 20세기 초 유럽 내 정치적 불안과 세계대전으로 인해 이주한 유럽인들로 새로운 안식처가 된 아르헨티나는 당시 세계적인 부국이었다. 그러나 유럽인들이 가져온 부와 이곳에 있던 풍부한 천연자원, 지리적 입지의 강점 등은 제대로 활용되지 못하고 말았다. 축적된 부는 분배되지 못하며 일부에게만 편중되었고 잦은 군부 쿠데타로 인한 정치 불안정이 더해져 그 짧은 전성기를 마감했다. 냉정하게 이곳엔 과거의 영광만 남아 있다. 물론 여전히 거대한 잠재력은 남아있지만 영원한 라이벌

야자수를 제외하면 영락없는 유럽 도시 모습이다.

이웃 국가 브라질에 한참 밀리는 모습이다. 그런 면에서 부에노스아이레스의 이런 모습은 솔직히 말해 20세기 초의 영광의 기억에서 벗어나지 못하고 고상한 자세를 유지하고 있는 것 같다. 겉면은 화려하지만 곳곳에 자리를 잡고 누워 있는 수많은 부랑자와 코를 찌르는 소변 냄새, 낡디 낡은 도시의 인프라들은 그 사실을 대변한다. 도시 곳곳에 보이는 말비나스 기념비도 사실 이것들과 궤를 같이한다. 우리에게는 포클랜드라는 이름으로 익숙한 아르헨티나 남쪽 끝에 위치한 영국령의 이 큰 섬을 아르헨티나에서는 말비나스라 부른다. 아르헨티나 군부는 과거 내부의 불만을 외부로 돌리기 위한 정치적 목적으로 이곳을 무력으로 침공해 포클랜드 전쟁을 일으켰다. 아주 짧은 승리를 맛봤으나 이내 빠른 속도로 투입된 영국군에게 다시 빼앗기고 말았다. 그 이후로 월드컵 축구에서 아르헨티나 국가대표팀이 잉글랜드와 만날 때마다 제2의 포클랜드 전쟁으로 불리게 된다. 아르헨티나 정부의 외부에 적을 만들어 내부를 안정화하려는 시도는 끝내 실패로 돌아갔지만, 수십 년이 지난 지금에도 여전히 말비나스를 선전하며 시선을 자꾸 밖으로 돌리려 한다. 다만, 포클랜드 거주민들의 절대다수가 영국령 유지를 원한다는 투표 결과는 아르헨티나 정부로서 외면하고 싶은 상당히 불편한 진실이다.

그렇지만 이 도시가 이렇게 부정적으로만 묘사되기에는 너무나 억울한 부분이 많다. 나는 이 도시에 꽤나 많은 것을 기대하고 왔다. 말로만 듣던 부에노스아이레스. 이곳에서 가질 휴식과 앞으로 보러 갈 축구 경기, 이 도시의 분위기 등 많은 것들이 기대된다. 앞서 말한 부정적인 상황들이 많음에도 불구하고 부에노스아이레스는 남미에서 손꼽히는 대표 도시이고 그에 따라 많은 관광객이 여러 이유로 찾는 곳이기 때문이다. 그래서 그런지 도시 내 관광지구와 일명 힙한 거리에는 활기가 넘친다. 적어도 이런 유럽식 도시를 사랑하는 사람들에게는 이보다 더 완벽한 곳은 없을 것이다. 나는 아르헨티나인들에 대한 편견이 있다. 그들은 대부분 백인 우월주의에 인종차별을 행하는 사람들이라는 것 말이다. 20세기 초 유럽 국가들은 전 세계 곳곳 식민지 개척이 극에 달해 세력 확장에 사활을 걸었다. 식민지배를 정당화하기 위해 인종적으로 토종 유럽인들의 우수성을 피력하며 우생학이라는 유사 과학도 나오던 지경이었다. 아르헨티나는 그 당시의 백인 유럽 부유층들이 이민해 온 국가인 것이다. 과거에 머물러 있는 사람들이 실제로 유럽에서는 많은 변화가 있었지만 과거의 것을 그대로 고수하고 있는 것이다. 해외로 이민을 간 한국인들이 1970~2000년대 한국 문화에 더 익숙한 것도 그 궤를 같이한다. 특히 우리나라같이 변화가 상당히 빠르고 익숙한 문화의 관점에서 보면 이런 인식과 문화의 차이에 더 민감한 반응이 나올 수 있는 것이다. 게다가 아르헨티나는 그 이민의 역사가 100년이 넘지 않았는가. 다만 실제로 본 부에노스아이레스에서는 내가 가진 편견이 무참히 깨졌다.

부에노스아이레스에서 마주한 순간들

부에노스아이레스에서 현대 도시를 느끼려면 푸에르토 마데로로 가야 한다.

부에노스아이레스의 사람들은 엄청 친절하지는 않지만 그렇다고 딱히 불쾌하거나 위협적인 느낌은 받지 않았다. 운이 좋았던 것일 수도 있지만 말이다. 오히려 나름 외국인들에 익숙한 모습으로 보일 정도니 여기도 변화가 많았나 보다. 해외 축구만 봐도 인종차별이라는 것을 전혀 의식하지 못하고 행하는 선수들은 대부분 남미 출신이었는데 직접 와보니 역시 편견이 무서운 것인가 보다. 이곳뿐만 아니라 남미 다른 도시에서도 소매치기 등 안 좋은 일은 당하지 않았다. 내가 너무 현지인처럼 보였나. 이곳의 버스, 지하철 등 대중교통도 주로 이용했고 라 보카(La Boca)라는 이곳에서 상대적으로 나름 위험하다는 지역도 걸었지만 크게 느낀 것은 없었다. 하지만 앞서 말한 것처럼 운이 좋은 것일 수도 있으니 개인 경험에 비추어 일반화는 그만두는 것으로. 그리고 어느 대도시가 그렇듯 지역마다 분위기는 천차만별이다. 서울도 을지로와 홍대, 테헤란로가 각각 다른 것처럼 말이다. 부에노스아이레스도 다르지 않다. 부에노스아이레스의 모든 곳을 가보지는 않았지만 구역마다 다른 분위기를 풍기는 것은 단번에 알 수 있다. 라 보카는 앞서 언급했고, 부에노스아이레스에서 또 하나의 특색 있는 지역인 팔레르모(Palermo)는 서울로 치면 홍대-연남동과 신사동이 섞인 것 같은 느낌이다. 젊은 사람이 많고 카페와 펍, 작은 공연장들이 많아 소위 힙해 보이는 곳이다. 테헤란로 같은 고층 빌딩 업무지구도 있다. 아무래도 이곳은 아르헨티나에서는 가장 크고 남미에서도 두 번째 크기의 도시이다 보니. 푸에르토 마데로(Puerto Madero)는 부에노스아이레스의 다른 지역과 한눈에 달라 보인다. 특별해서 달라 보이는 것보다는 여느 큰 도시에 있는 큰 빌딩들이 밀집한 업무지구이기 때문이다. 푸에르토 마데로는 지도에서 확인하면 알 수 있듯 물길을 내 의도적으로 육지를 단절시키며 바다 쪽인 동쪽으로 분리되어 있다. 그래서 이곳에 접근하려면 꼭 다리를 건너야 한다. 무언가로부터 의도가 아주 다분하게 분리시켜 놓은 듯하다. 아주 부유해 보이는 이 지역은 다리를 건너기 전부터 부둣가를 따라 고급 식당들이 즐비하다. 테라스가 있는 이 식당들은 웨이터들이 보타이를 매고 아주 정중하게 주문을 받는다. 식당에서 식사를 하는 사람들도 마치 드레스코드를 맞춘 듯 정갈하다. 테라스에서 보이는 폭이 그리 넓지 않은 부둣가엔 수많은 요트가 정박해 있다. 여기서 요트를 타면 대서양으로 바로 나갈 수 있다. 호주 골드코스트에서 본 부촌의 요트 정박지와 비슷한 느낌이다. 어디나 그렇지만 이렇게 눈으로 적나라하게 보이는 빈부격차는 이젠 당연해 보이면서도 어딘가는 조금 불편하기 마련이다. 부둣가 넘어서 건너편에는 앞서 말한 글로벌 기업들의 마천루가 즐비하다. 전통적인 부에노스아이레스와는 어울리지 않는 광경이다. 그런데 여기서도 그렇고 남미의 웬만한 대도시에서 심심찮게 보이는 중국계 은행들의 로고는 참 흥미롭다. 중국이 정책적으로 남미와 아프리카, 아시아의 개발도상국 및 중진국에 많은 돈을 투자한 것에 그것이 기인한다. 결국 이는 세계의 패권국이 되고자 하는 중국의 의도가 노골적으로 보인다. 고소득층인 화이트칼라 노동자가 밀집한 이 지역에 중국계 자본이라니. 남미는 역시 흥미진진하다.

위험하다고 하는 남미의 치안과 완전히 별개로 사소한 사고가 터졌다. 이번 여행은 기내용 캐리어 하나로 왔으니 주기적인 세탁은 필수적이다. 마침 부에노스아이레스 도착 날이 딱 타이밍이었고 며칠간 파타고니아에서 쌓인 빨래 거리들을 위해 도착하자마자 세탁소를 찾았다. 호텔 리셉션으로부터 추천받은 세탁소는 운 좋게도 근처에 있었다. 구글맵 평점이 1점대인 것이 좀 걸렸지만 믿고 맡겨 보기로 한다. 해외에 오면 이런 누가 시키지도 않은 변수에 대한 알 수 없는 호승심이 작용한다. 거참. 50대로 보이는 인상 좋은 아주머니는 눈대중으로 무게를 결정하고 가격을 책정한다. 생각보다 저렴하네? 이게 남미 로컬의 정인가 보다. 영어를 한마디도 못해 번역기를 통해 대화를 했는데 오늘 저녁 6시 반에 찾으러 오란다. 오늘 축구 보러 가니 월요일 아침에 오겠다! 하니 "si! si!" 아주 좋아하신다. 세탁비도 찾으러 올 때 영수증이랑 달라신다. 힘겨운 소통 끝에 양측이 모두 만족할 만한 타협점이 나온 것에 몹시 기쁘지 않을 수 없다. 빨래 걱정을 덜었으니 파타고니아까지 못 입은 여름옷들을 꺼내 오늘부터 마음껏 소진한다. 세탁소야 또 가면 되니! 하지만 나의 이런 계획은 이틀 뒤에 무참히 깨졌다. 월요일 아침, 부에노스아이레스에서의 셋째 날 일정을 시작하기 전에 방문한 세탁소는 문을 열지 않았다. 아… 원래 늦게 여나? 연락이라도 해볼까 가게 밖을 살펴보는데 그 흔한 전화번호 비슷한 것조차 없다. 그러다 혹시 몰라서 아르헨티나 휴일을 살펴보니 월~화가 카니발로 공휴일이다. 정말 환장할 노릇이다. 아니 왜 월요일 날 오라 그랬어! 수요일에 오라고 그랬으면 안 맡겼을 텐데. 수요일 아침 일찍 떠나야 하니까. 이러면 내일도 높은 확률로 희망이 없어 보인다. 마침 옆 건물에서 나오는 아주머니에게 번역기로 물어본다. 이 세탁소는 오늘 안 여나요? 물으니 안 연단다. 내일은 모르겠다고 하신다. 아, 이곳에서의 소중한 시간을 옷 사는 데 사용해야 할 것 같다. 속옷, 양말까지. 휴일을 안 챙긴 내 잘못이지 누굴 탓하겠냐마는. 혹시나 호텔 리셉션에도 연락처 등을 물어봤으나 알지 못한단다. 왜 추천한 건지 거참. 어쩐지 아무 사고 없이 잘 왔다 싶었다. 문제를 돈과 시간으로 해결하러 가야겠다. 급하게 가까운 아웃렛을 찾아본다.

근처 아웃렛에서 부랴부랴 대충 몇 벌의 옷과 속옷을 구매했다. 이왕 이렇게 된 것, 현지인의 삶을 더 느껴보자. 스토리도 더 생기고 좋지 않나! 이번엔 로컬의 삶과 가장 맞닿아 있는 대중교통이다. 부에노스아이레스는 이번 남미 여행에서 대중교통을 아주 적극적으로 이용한 곳이다. 불특정 다수 사람의 관찰을 즐기는 나로서 대중교통은 아주 흥미로운 공간이다. 다만 아쉽게도 하필 숙소 바로 옆 지하철역이 리뉴얼 공사 중이라 조금 제한은 있었지만 말이다. 대중교통 시스템은 어느 나라 어느 도시든 늘 비슷하지만 또 다르다. 이것은 여행에서 은근 긴장되는 요소다. 부에노스아이레스에서는 버스와 지하철 모두 사용할 수 있는 교통카드인 수베(SUBE)를 약 2,000원으로 구매하고 이것을 현금으로 충전을 한다. 한 번 탑승에 한국 돈 약 1,500원 정도. 한국과 비슷한데 아르헨티나의 경제 수준으로 보았을 때는 물가가 상당히 높은 편이다. 지하철과 버스가 방식이 좀 다른데, 일단 다른 교통수단으로의 환승 할인은 되지 않는다. 지하철의 경우에는 앞에서 다룬 칠레 산티아고와 마찬가지로 하차는 카드 태그가 없어 어디까지 가나 금액은 똑같다. 그리고 다른 노선으로의 환승 시에는 별도 추가 과금은 없으나 같은 역 안에 노선마다 역 이름을 다르게 해 놓아 헷갈린다. 서울 지하철로 예를 들면 4호선 총신대입구역과 7호선 이수역이 비슷하다고 봐야 할까. 버스는 탑승 시 기사에게 몇 명이 타는지, 어디까지 가는지를 꼭 얘기해야 한다. 하차 태그가 없기 때문에 거리에 따라 요금을 처음에 부과한다. 한국에서처럼 별생각 없이 찍고 말없이 탔다가 버스 내 모두가 나에게 주목해 버리는 불상사가 발생했었기 때문에 확실하다. 지하철과 버스는 매우 낡았다. 특히 지하철은 남반구에서 가장 오래된 역사를 가진 것답게 뉴욕과 파리 지하철처럼 아주 낡았으니 한국 지하철의 느낌을 기대하면 안 된다. 버스 또한 아주 구형으로 뒷자리로 갈수록 진동이 심해져 승차감은 정말 최악이다. 물론 늘 그렇듯 못 탈 정도는 절대 아니다. 결론적으로는 운임에 비해 퀄리티가 한참 떨어진다 정도. 로컬의 서민과 가장 맞닿아있는 대중교통은 늘 그렇듯 타는 재미가 있다. 특히 지하철에서는 볼리비아 라파즈에서 느꼈던 어린 날 서울에서의 향수를 떠올리게 하는 것이 있었는데, 그것은 다름 아닌 잡상인이었다. 지금은 거의 사라졌지만 지하철 내에서 칸을 옮겨 다니며 물건을 팔거나 자신의 처지가 설명된 쪽지를 나눠주며 구걸을 하는 사람들이 정말 그대로 있다. 매뉴얼도 없을 텐데 전 세계적으로 시차를 두고 있는 공통적인 현상인가 보다. 나름 이것도 현대화된 부분이 있었는데 딱 봐도 10대 후반 되어 보이는 남자가 블루투스 스피커를 들고 다니며 랩을 공연한다는 점 정도? 꽤나 신선한 경험이었다. 물론 너무 흔들리는 버스에서는 이것조차 불가능하다. 그 외, 우버 등을 포함한 도로교통을 보았을 때는 운전자들은 한국인보다 더 급해 보였다. 다 그런 것은 아니지만 대부분 급출발과 급정거, 과속은 기본이고 차선도 꽤 창의적으로 사용하는 편이다.

13 | 아르헨티나 축구,
    사실 내가 여기에 온 이유

축구가 삶 그 자체인 아르헨티나

여기에 오기까지 페루, 볼리비아, 파타고니아 등 아주 수려한 자연경관과 문화유산들을 거치면서 봐 왔지만 사실 마음속으로는 막연하게나마 부에노스아이레스를 기대하고 있었다. 그 이유를 찾아보면, 이제야 갖게 된 4일간의 도시에서의 휴식도 있었지만 가장 컸던 기대는 아무래도 여기서 볼 축구 경기들이었다. 벌써 아르헨티나 첫 도시였던 엘 칼라파테에서도 간접적으로나마 축구의 인기를 느낄 수 있었다. 사실 인기라는 표현보다는 축구가 아르헨티나 사람들에게는 거의 삶 자체에 가까워 보이는 정도다. 도시 곳곳에 붙어 있는 언제적 축구황제인 마라도나나 메시의 그림과 사진은 그것을 감지하게 해 준다. 앞서 말한 것처럼 엘 칼라파테의 어느 식

당에서는 와이파이 비밀번호를 물어보니 뭘 그런 걸 물어보냐면서 messimessimessi를 입력하란다. 아르헨티나가 2022년 카타르 월드컵에서 우승하면서 숭배 대상이 마라도나에서 메시로 바뀌었다는데 부에노스아이레스에서 보니 아직은 마라도나가 더 많이 보인다. 축구에 미친 나라. 이곳의 정체는 도대체 무엇인가. 스포츠 의류계의 영원한 라이벌이자 Big 2인 나이키와 아디다스. 얼마 전부터 세계적으로는 나이키가 상대적으로 우세한 모습을 보이지만 아르헨티나에서는 정반대이다. 이것 역시 축구가 어마어마한 영향을 미쳤는데, 일단 아르헨티나 국가대표 유니폼은 아주 오래전부터 지금까지도 아디다스 브랜드다. 또한 아르헨티나에서 가장 큰 축구 클럽 구단인 보카주니어스와 리버플레이트도 아디다스 유니폼을 입으며, 신격화된 메시의 소속팀인 미국 프로축구(MLS)의 마이애미도 아디다스이다. 부에노스아이레스 내의 아디다스 매장에서는 이 4개 팀의 유니폼을 모두 볼 수 있다. 나이키는 매장이 있긴 하나 아디다스에 비해 확실히 초라한 수준이다.

아디다스가 가지고 있는 패권과 함께 길거리에도 여러 축구팀 유니폼을 입은 사람들이 많이 보인다. 그중에서도 특히 앞서 언급한 부에노스아이레스에서 가장 유명한 두 클럽인 보카주니어스와 리버플레이트가 많이 보인다. 아는 사람은 알겠지만 두 팀의 매치는 세계적으로도 아주 유명한 더비 경기다. 보통 프로축구가 유명한 나라는 거의 예외 없이 지역감정이 토대가 되는데 여기 또한 다르지 않다. 요약하자면 보카주니어스는 노동자 계층이 주로 거주하는 라 보카 지역에, 리버플레이트는 중산층 계층이 거주하는 누녜즈 지역에 각각 연고를 두고 있다. 이들의 더비는 사실상 계층 간 갈등으로 촉발된 지역감정인 것이다. 그런데 웃긴 건 리버플레이트도 원래는 라 보카 지역이 연고였다는 사실. 싸울 이유야 만들려면 얼마든지 있다. 뭐, 같은 지역이라 안 싸우는 것도 아니고 말이다. 라 보카 지역은 한때 개항지로 최대 번화가였으나 지금은 그 명성이 무색해져 빈곤율이 꽤 높아 슬럼화가 되었다고 한다. 앞에 잠깐 언급했지만 부에노스아이레스를 찾는 여행객들에게 라 보카 지역은 안전을 유의해야 하는 장소 중 하나이다. 다만 직접 가본 라 보카는 위험은커녕 오히려 거리들이 알록달록한 색감이 아주 예쁘다. 왠지 모르게 정감이 갈 정도였으니.

부에노스아이레스에서는 리버플레이트의 경기를 관람한다. 운이 좋게도. 하지만 사실 보카주니어스 경기가 더 보고 싶었다. 보카를 더 좋아한다기보다는 보카주니어스의 홈구장인 라 봄보네라에 가 보고 싶었던 것이다.

이곳은 내가 가보고 싶은 축구장 버킷리스트 세 곳 중 하나다. 다만 부에노스아이레스로 오기 하루 전날이 경기일로 배정되어 눈물을 삼키고 며칠 뒤 있는 경기장 내부 투어를 신청했다. 경기장도 훨씬 큰 리버플레이트로 대리만족해야 한다. 리버플레이트 경기 직관 기회는 운이 조금 좋긴 했다. 일단 보통 축구 리그 경기가 있는 주말을 부에노스아이레스 방문 일정에 포함시키는 것이 첫걸음이었다. 하지만 리그의 일정이 확정되지 않아 사실 이것은 운에 맡기는 도박에 가까웠다. 하필 방문 시기에 원정 경기가 배정되면 볼 수 없게 되니까. 다행히 리버플레이트의 홈경기 일정이 배정되었고 효율적이게도 부에노스아이레스 도착하는 당일 저녁 일정이다. 아 물론 하루 더 일찍 와서 보카주니어스의 경기도 봤다면 베스트였겠지만 금요일까지는 내가 어쩔 수가 없다. 두 번째 운은 티켓 확보였다. 리버플레이트는 나중에 알게 된 사실이지만 저번 칠레에서의 경험처럼 외국인이 티켓을 구하기가 아주 어려운 구조다. 워낙 사건 사고가 많다 보니 본인 확인 및 인증 절차가 외국인에게 절대 친화적이지 않기 때문이다. 특히 리버플레이트처럼 인기 구단은 훨씬 더 쉽지 않은 경우가 많다. 절차대로 다 하다가는 가뜩이나 매진 임박하는 티켓이 동나기 마련이다. 특히 축구에 미친 아르헨티나라면! 그래서 내가 선택한 방법은 투어 신청이다. 여기서 투어란 리버플레이트 구단에서 공식적으로 운영하는 프로그램이 아닌(애초에 그런 게 없다.) 현지인이 티켓을 구해 신청자들을 경기장에 데려가는 방식이다. 구글에 검색하면 트립어드바이저 등 개인이 만든 투어 프로그램을 신청하거나 에어비앤비 투어 등이다. 물론 사기를 당하지 않으려면 평점을 잘 보고 얼마나 오랫동안 진행했는지 참고하면 좋다. 여행 갈 때 여행사 투어 프로그램을 구매하는 것과 아주 유사하다. 이 방식은 당연히 실제 티켓 가격보다 비용이 더 들지만 훨씬 안전하고 절차가 간소화되며 개인적으로는 다른 사람들을 만날 수 있다는 점이 매력적이었다. 한 명만 신청을 받지는 않을 테니 말이다. 경기일은 3월 1일이었고 내가 신청한 시점은 2월 20일 우유니 사막에 있던 시기였는데 내가 뒷문을 닫은 마지막 투어 멤버였다. 처음엔 별생각 없이 눈에 보여서 신청한 건데 아주 운이 좋았다고 할 수 있다. 적지 않은 금액인데 인기가 생각한 것보다도 훨씬 많은 느낌이다.

리버플레이트 경기에서 만난 사람들

투어는 경기장 인근 도보 15분 거리의 알베르티 광장이라는 작은 공원에서 모여 시작됐다. 경기 당일 경기장 가까운 곳은 몇만 명의 인파가 한 번에 몰려 매우 혼란스러운 상황을 맞이할 수 있기 때문이다. 가는 길에 벌써부터 리버플레이트 유니폼을 입은 사람들이 곳곳에 보인다. 축제가 이미 시작된 것이다. 그래 이거 보러 내가 여길 왔지. 두근거리기 시작한다. 부에노스아이레스에 거주 중이며 리버플레이트의 오랜 팬인 후안메가 우리의 가이드이다. 이 가이드 활동을 오래 한 이 친구는 누구보다 하얀 피부에 아주 얇고 밝은 금발에 190cm라는 큰 키를 가졌다. 북유럽 스칸디나비아

반도에서 아르헨티나로 이민 온 조부모 대부터 이곳에 살고 있다고 한다. 하나둘 투어 멤버가 모이기 시작한다. 나와 같이 투어를 신청한 사람들은 나까지 9명이었는데 국적도 다양했다. 먼저 브라질에서 온 까이오는 아르헨티나에 혼자 여행을 왔는데, 나와 나이가 비슷하며 상당히 차분하고 모국어가 아닌 영어와 스페인어에 능통하다. 결혼도 했고 아이도 있지만 말이다. 본인은 원래 탈모가 심해서 머리를 심었다고 한다. 탈모는 우리나라에서나 유난히도 조롱거리이지 해외에서는 아무런 결격사유가 되지 않는 듯하다. 노르웨이에서 온 두 남녀는 서로 친척이며 곧 입대를 해야 하는 19세 사촌 동생 마르틴을 위해 그의 사촌 누나인 안드레아가 여행을 계획했다고 한다. 몰랐는데 노르웨이도 6개월의 의무 군 복무 기간이 있다고 한다. 아무래도 러시아로 인해 징병제가 실시되고 있는데 희한하게도 남녀 모두 동일하게 군 복무 의무가 있다고 한다. 다만 한국처럼 웬만하면 다 가는 엄격한 징병제와 달리 노르웨이는 면제되는 경우가 아주 많다고 한다. 자세히는 모르겠지만. 아무튼 둘은 입대 전에 아주 제대로 놀러 대서양과 적도를 넘어 북쪽 끝에서 남반구로 넘어왔다.

또 다른 남녀 커플인 페루인 남자 페르난도와 브라질인 여자 비토리아는 미국 유학 시절 인턴을 하다가 만나 최근에 결혼했다고 한다. 그래서 둘 다 영어가 유창하고 또 성격이 여유롭다. 둘은 브라질에 정착했는데 특히 페르난도는 페루에서 꽤나 경제적으로 풍족해 보이는 느낌이다. 물론 이런 말을 직접 한 것은 아니다. 둘은 한식당을 좋아해서 자주 가는데 소주는 아직 안 마셔봤단다. 꼭 시도해 보겠다고. 비토리아는 특히 한국인들의 피부와 젊어 보이는 외모에 관심이 많다며 본인이 생각하는데, 그것의 원인은 적게 먹고 자극적이지 않은 음식을 먹는 것에 이유가 있다고 한다. 한국인은 대식가고 자극적인 음식을 누구보다 즐기는데 말이다. 나처럼 혼자 온 미국인 브라이언은 후안메처럼 아주 하얗고 금발이다. 온몸은 문신으로 도배되어 있었고 셔츠의 단추는 거의 반을 풀어헤쳤다. 그의 인종은 과거 미국 남부의 백인 순혈의 혈통을 그대로 이어받은 듯 보인다. 요즘 이 정도의 백인은 생각보다 보기 힘든데 말이다. 심지어 미국인인데. 모습은 마치 쿠엔틴 타란티노의 영화 〈장고: 분노의 추적자〉에서 노예를 사고파는 캘빈 역의 레오나르도 디카프리오의 모습 같다. 그러나 영화와는 다르게 그에게는 어떤 인종차별적 요소도 보이지 않는다. 오히려 나와 비슷하게 다양한 사람들을 만나는 것이 즐겁고 경험을 나누며 말을 섞는다. 멕시코에서 온 아멜은 사실상 이 투어 메이트들의 리더이다. 본인이 호스트도 아닌데 말이다. 엄청난 친화력의 그는 단번에 분위기를 적극적으로 주도하고 진행한다. 정말 말 그대로 타고난 인싸력이다. 그동안의 경험이나 본인 생각을 들어보았을 때 그도 멕시코에서 꽤나 부유한 배경에서 온 듯하다. 뭐가 됐든 아멜 덕분에 이들과 재밌는 시간을 보낼 수 있었기에 그에게 매우 감사한 일이다. 마지막으로 또 한 명의 한국인 친구는 나보다 훨씬 어린 청년이었는데 코이카 인턴 프로그램에 합격하여 볼리비아에서 일을 하고 있다고 한다. 어느 정도 스페인어가 되는 그는 휴가를 받아 아르헨티나로 놀러 와 이렇게 만나게 된 것이다. 생각해 보니 이 친구 덕분에 페루 쿠스코에서 만난 한국인 친구들 이후로 13일 만에 한국어를 사용할 수 있었다. 그러나 한국인끼리는 또 혹시나 하는 마음에 통성명을 하지 않는 경우가 있는데 이번 경우가 그러했다. 무언가 암묵적으로 해외에서는 이러는 경우가 종종 있다. 우리는 경기 내내 많은 이야기를 나누었지만 서로 이름을 알지 못한다. 아마 쿠스코에서 만난 그 친구들도 한 번 만난 것으로 끝났으면 서로 모르고 헤어지지 않았을까.

엘 모누멘탈. 리버플레이트 홈구장인 이곳의 정식 명칭은 마스라는 기업의 후원을 받아 에스타디오 마스 모누멘탈이다. 그러나 어디나 그렇듯 기업 이름은 빠지고 과거 오랫동안 불린 이름이 더 흔하게 사용된다. 8만 5천 명 규모의 이 경기장은 완전한 원형에 육상 트랙까지 있는 대형 종합 스타디움이었지만, 축구장 외 빈 공간을 모두 좌석으로 채워버려 정말 빽빽한 관중 밀도를 자랑한다. 1978년 아르헨티나 월드컵 결승전이 이곳에서 열렸고, 라이벌 보카주니어스의 라 봄보네라가 5만 7천 석 규모로 더 작은 것을 보았을 때 어찌 보면 아르헨티나에서는 더 의미가 있을 수 있는 경기장이다. 이곳 바로 앞에서 투어 메이트들과 간단한 저녁을 먹는다. 투어 비용에 포함된 이 식사는 푸드 트럭의 샌드위치와 감자튀김, 맥주 조합으로 아주 단출하지만 나는 왜 이런 게 더 좋은지. 원래 해외의 경기장에 오면 이런 푸드 트럭이 로컬 문화이고 시끌벅적한 이 분위기와 함께 현실감을 더 살려준다. 그 와중에 우리의 핵인싸 아멜은 수많은 인파 속에서 인터뷰 대상을 찾던 유튜버에게 포착되어 인터뷰를 하고 있다. 정말 대단한 친구이다. 잡상인들과 관람객들, 푸드 트럭들의 소음은 경기장 분위기를 한층 더 뜨겁게 만들어준다. 중요한 경기도 아니고 한낱 많고 많은 일반 리그 경기 중 하나인데 이 정도라니. 솔직히 부럽다. 경기장 진입은 생각보다 복잡했다. 사전에 제공받은 링크로 안면 인식을 등록했는데, 덕분에 수월하게 들어가기는 했으나 이 절차가 두 번인가 더 있었다. 그것마저 게이트가 달라 만약 가이드 없이 내가 혼자 왔다면 헤매다 못 들어갔을 수도 있었겠다.

어느 곳보다 뜨거운 축구장이 보여준 현실

엘 모누멘탈에 입장해 착석한다. 아르헨티나에서 가장 큰 이 경기장은 이미 리버플레이트 팬들의 열기로 가득 차 있다. 보통 클럽 경기를 보러 오면 원정 팬들의 모습도 보이기 마련인데 여긴 정말 찾기 힘들다. 심지어 골대 뒤쪽에 위치한 응원석은 모두 스탠딩석이라 8만 5천 명보다 더 많은 사람이 들어올 수도 있을 것 같다. 그들의 응원 소리는 지금까지 어느 경기장에서 본 것보다 인상적이다. 정말 인생을 축구에 모두 던져버린 사람들만 모인 것인지 입이 다물어지지 않는다. 일반적으로 세계 어디서든 클럽 경기를 보면 응원가는 주로 응원석에서 서포터즈들이 주도

8만 5천 명이 이 경기를 보기 위해 찾아왔다.

하고 부르는데, 유럽처럼 여긴 그런 구분이 없다. 이미 조부모부터 최소 3
대에 걸쳐 한 팀의 팬이고 역사는 길기 때문이다. 유럽 축구장과의 차이점
은 관중이 더 열정적이라는 것. 이 오랜 팬들은 이 클럽을 매우 사랑하지만
또 한편으로는 선수들과 구단 관계자들에게 두려움의 대상일 것이다. 아마
도 이는 아르헨티나 축구 선수들이 아주 거칠고 공격적인 축구 플레이 성
향을 가진 이유로 보인다. 상대 선수들에 대한 매너보다 본인과 팀의 승리
에 대한 열망, 포기하지 않는 모습 등을 팬에게 보여줘야만 하기 때문이다.
이 관중들을 보면 정말 그런 생각이 들 수밖에 없다. 지는 것은 어쩔 수 없
지만 무기력한 모습을 보인다면 정말 살인이 날 수도 있을
것 같은 분위기라고 해야 할까. 경기장 내에는 코를 찌르
는 담배와 마리화나 냄새가 가득 차 있다. 아주 곳곳에서

연기가 피어오른다. 의학적 용도 외에는 불법으로 알고 있는데 그것참 희한할 노릇이다. 스페인에서도 종종 마리화나 냄새를 맡을 수 있었는데 스페인어권 국가들은 어느 정도 마리화나에 관대하나 보다. 생각해 보니 예전에 호주에서 길거리에서 마리화나 파는 사람들은 죄다 아르헨티나 사람들이었던 기억이 떠오른다. 아이들도 많은데 이런 흡연 행위에 대해 딱히 부정적인 인식은 아닌 듯하다. 2000년대 초반 우리나라처럼 말이다.

경기장 얘기로 다시 돌아와서 담배와 마리화나를 제외하고는 이 경기장 분위기가 너무너무 부럽다. 나는 이것을 보러 온 것이고 이들은 이를 충족시켜 주었다. 물론 경기력은 엉망이었고 결과도 패배였지만 말이다. 이 광경은 한동안 잊지 못할 것이다. 자주 가는 서울월드컵경기장은 정원이 약 6만 8천 명인데 몇 년 전 이곳에서 브라질 국가대표 초청 경기 때 꽉 찬 경기장이 내가 본 최대 관중이었다. K리그가 점점 인기가 많아지고 있긴 하지만 국내 리그 경기에서 이 정도의 관중을 기대하기는 현실적으로 쉽지 않다. 국가대표 경기도 저 정도의 관중을 동원할 수 있는 콘텐츠는 간혹 되긴 하지만 이런 분위기는 나올 수 있을지 잘 모르겠다. 최대 인기 스포츠인 야구에서도 마찬가지다. 이미 그게 안 돼서 앰프를 사용하고 있지 않은가. 한국인들에게 콘서트는 그런 분위기 조성이 되는데 프로 스포츠에서는 되지 않는 것이 참 아이러니하다. 물론 아르헨티나의 이런 축구 열기는 여러 가지 이유가 있다. 아르헨티나 사람들은 앞서 언급한 것과 마찬가지로 나라 전체가 이상할 정도로 축구에 광적이다. 아르헨티나 정부는 이 특성을 아주 오랫동안 이용해 왔다. 지금 축구를 보러 오는 30~40대 연령층의 조부모라고 해봤자 50~60년대생이고, 그들이 경제 활동을 하던 시기 아르헨티나의 경제는 바닥으로 곤두박질치던 시절이다. 그 와중에 1978년과 1986년 아르헨티나는 월드컵 우승을 경험했고, 이것은 혼란한 군부 독재 시대에 전 국민이 축구로 하나 되는 순간이었을 것이다. 2022년도 마찬가지이다. 나라는 나아진 것이 크게 없지만 주기적으로 전 국민이 축구로 집중되는 사건들이 일어나는 것이다. 얼핏 보면 말이 되는 소리인가 싶긴 한데 이런 식으로 국민의 시선을 다른 자극적인 곳으로 옮기는 작업은 아주 전통적이고 효과적인 정치 방식이다. 게다가 월드컵 우승이라니. 아르헨티나의 지도자들에게는 커다란 행운이 아닐 수 없다. 그래서 아르헨티나 경기장에서의 이러한 과도하게 열정적인 모습은 슬프게도 양면성이 있는 것이다. 꼭 부러워할 만한 것은 아니다.

한바탕 축제 같은 경기가 종료되고 썰물처럼 몇만 명의 관중들이 경기장을 빠져나간다. 우리의 리더 아멜의 의견에 따라 다 함께 저녁을 먹기로 한다. 기가 이미 빨릴 대로 빨린 한국인 친구와 가이드 후안메는 여기서 작별했다. 또 어딘가에서 마주치길. 경기가 밤 9시 반이 가까워져 끝났으니 외국인에게는 상당히 늦은 시간이다. 그러나 오늘 처음 본 이 친구들과 그냥 작별하기는 확실히 좀 아쉽긴 하다. 우리는 경기장에서 떨어진 곳으로 좀 더 이동하여 루프탑 펍에 들어갔고 몇 시간 만에 조용한 곳에서 대화를 시작한다. 하지만 술이 들어가고 한바탕 시끌벅적한 축제가 끝난 뒤라 역시 대화는 뒤죽박죽이다. 밤도 늦었고 무리할 필요가 있나 싶어 대부분 맥주를 주문했는데 노르웨이 친구 둘은 위스키를 시킨다. 아, 역시 북유럽인들은 도수가 낮은 술을 못 먹는구나. 대학생 때 교환학생으로 온 핀란드인 친구와 친했는데 그 친구도 생각해 보면 맥주를 마시는 것은 못 보고 최소한 소주였다. 도수가 낮다며. 그렇지만 늘 과음으로 취해 있었던 모습을 많이 본 것은 우연일까.

우리 8명은 제각각 대화를 한다. 공통 주제로 얘기하나 싶다가도 집단적 독백이 되기도 한다. 라틴아메리카 4명, 미국 1명, 북유럽 2명, 한국인 1명의 보기 힘든 조합은 사실 공통 주제를 찾기 쉽지 않다. 보통 이럴 때는 어떤 주제가 나오면 '너네 나라는 어때? 너네 문화는 어때?' 이런 식의 흐름이다. 그러면 공통 주제는 남미 여행, 코로나, 음식, 축구 이 정도로 압축되는데 그냥 재미있다. 뭐 진지한 얘기를 할 것도 아니고. 미국인 브라이언과 나머지 사람들은 축구가 싸커(Soccer)냐 풋볼(Football)이냐로 한창 논쟁했다. 미국인들한테 풋볼은 미식축구를 보통 말하며 우리가 아는 축구를 싸커로 구분한다. 본인은 보통 아이스하키(NHL)나 미식축구(NFL)를 보는데 픽 하면 쓰러지고 아픈 척하는 싸커는 도대체 왜 이렇게 많은 사람들이 와서 보는 것인지 묻는다. 그럼 여기에 긁힌 나머지 사람들이 미국 지상

주의를 비난하며 한바탕 시끌시끌하게 노는 식이다. 그러면서 대화는 월드컵의 역사로 넘어가 2002년 한국의 월드컵 심판 매수 주장부터 해서 2018년 한국이 독일을 잡아준 덕분에 멕시코가 16강에 진출한 얘기, 2022년 아르헨티나가 우승을 하면서 브라질의 체면이 구긴 상황 등을 얘기했다. 그 와중에 신기한 것은 한국의 바비큐 문화 얘기가 또 나온다. 고기를 왜 손님들이 직접 구워 먹는 것인지 이해가 안 가지만 재미있고 신선하다는 반응. 웃기다 그것참. 중간에 노르웨이 친구들은 먼저 떠났다. 폰 배터리가 얼마 남지 않아 숙소로 갈 우버를 못 잡을까 봐. 해외여행에선 흔히 있을 수 있는 일이다. 그런데 이놈들 위스키를 시켜놓고 돈은 안 주고 갔다. 부담은 온전히 남은 사람들의 몫. 그래그래 기분 좋게 넘어가자. 이것저것 대화를 하다가 서로의 SNS를 교환하고 집으로 간다. 그 시간이 한 새벽 1시쯤. 어느 나라든 밤까지 술을 마시면 12시 전에 들어가는 그런 것은 없나 보다. 한국에서도 11시쯤 끝내고 막차를 타면 저렴하고 안전하게 집에 갈 수 있는데 굳이 한두 시간을 더 마셔 비싼 택시비를 내고 집으로 향한다. 여기서도 똑같은 것을 보니 다 비슷한가 보다. 아무래도 전 세계 공통적으로 자정 전의 작별은 정이 없나 보다.

마라도나의 축구 고향 아르헨티노스 주니어스

　오늘은 두 번째 축구 경기를 보는 날이다. 부에노스아이레스에서 또 한 번! 오늘 경기 관람은 다소 우연하게 잡힌 기회였다. 남미 여행도 유럽 여행 카페 유랑처럼 포털사이트에 커뮤니티가 있다. 이름은 남미사랑. 여기서 많은 정보를 주고받는데, 이 카페에서 게시글 및 댓글 작성 등의 활동이 누적되면 별도의 채팅방에 들어갈 수 있는 자격이 생긴다. 그 채팅방은 남미의 국가별로 구분돼 있어 본인이 방문할 국가를 선택해서 입장하면 된다. 대부분 한국인과 현지 한인 거주민으로 구성된 그곳은 몇백 명의 인원수에 비해 엄청 활성화되어 있지는 않지만 관광지나 맛집에 대한 소소한 정보 공유, 동행 구하기, 도움 요청 등 다양하긴 하다. 브라질 리우 카니발 기간처럼 특수할 때는 채팅방이 엄청 활성화되기도 했었다. 남미 여행 출발하기도 훨씬 전에 이 방에 들어가 있었는데 그러다 조용하던 어느 날, 아르헨티나 방에 흥미로운 글이 올라왔다. 한 사람이 부에노스아이레스에 친한 현지인 한 명이 있는데 거기서 축구를 보고 싶은 사람은 연락해 보라는 것이다. 영어도 잘하고 잘해줄 것이라고. 당시에는 또 보카주니어스나 리버플레이트의 경기를 볼 수 있을 거라 생각한 나는 아주 좋은 기회라고 생각하여 연락을 취했다. 그의 이름은 에제키엘. 그는 부에노스아이레스 축구경기 입장권과 투어 등을 제공해 주고 어느 정도의 수수료를 포함한 금액을 청구하는 방식으로 일을 한다. 친절하고 젠틀한 그는 나를 반겨주고 함께 일정을 같이 맞춰 보았다. 일반적으로 사람들은 앞에서 언급한 것처럼 유명 클럽인 보카주니어스나 리버플레이트 경기를 원하지만 워낙 사람이 몰리는 덕분에 티켓을 구하기 힘들다고 한다. 이 친구도 이것은 좀 무리인가 보다. 아니면 시간이 없거나. 그 대신 부에노스아이레스 연고지의 다른 팀인 아르헨티노스 주니어스의 경기 관람을 제안했다. 조금 찾아보니 현재 리그 1위로 승승장구하고 있고 역사도 꽤나 긴 클럽이다. 안 될 것이 무엇이 있나. 리버플레이트 경기 관람 기회는 이미 잡았고, 또 경험상 이런 찐 로컬 경기가 색다른 추억을 남겨준 기억이 많기 때문이다. 생소하고 신선하니 말이다. 한 번 해보는 것이다.

다시 돌아와 경기 당일, 전날 리버플레이트 경기를 보고 그 친구들과 술을 거하게 먹은 덕에 오전 내내 호텔에서 골골거렸다. 지구 반대편에서 과음으로 인한 숙취라니. 그것참 기분이 묘하다. 어차피 쉬려고 온 도시, 푹 쉬고 저녁에 축구나 보러 가는 것이 오늘의 유일한 계획이다. 에제키엘은 해외여행 중이라 다른 친구가 대신 날 에스코트해 줄 것이라 한다. 처음 송금할 때는 의심스러웠으나 리버플레이트 경기를 한 번 경험하고 나니 이런 시스템이 일반적인가 보다 하고 받아들였다. 부에노스아이레스에 온 지 이틀째지만 벌써 버스를 타는 것은 익숙하다. 숙소가 위치한 팔레르모 중심가에서 남서쪽 방향 버스로 30분가량 거리에 위치한 경기장은 이름이 무려 마라도나 경기장이다. 스페인어로는 Estadio Diego Armando Maradona. 엇? 마라도나는 보카주니어스 출신이 아니었나? 조금 찾아보니 축구의 황제 마라도나는 이 팀의 유스 출신이자 첫 클럽이었고, 1군 팀에서 6년 동안 몸담았다. 그다음 옮긴 보카주니어스 팀에서는 2년 정도 있다가 유럽을 갔으니 확실히 이곳에서의 의미가 더 크긴 하다. 무려 마라도나를 발굴한 클럽이라니. 놀라우면서 한편으로는 나조차도 보카주니어스만 떠올린 것이 내심 미안하기도 하다. 역시 유명도가 인식을 좌우하나 보다. 비가 많이 온다. 우산도 없는데 오늘부터 부에노스아이레스는 내내 비가 온다고 한다. 그래도 어디서든 날씨 운은 보통 좋았는데 여기선 아닌가 보다. 에제키엘의 친구인 키가 매우 큰 토마스는 키에 맞는 커다란 우의를 입은 상태로 나를 기다리고 있었다. 어제 리버플레이트 경기와 다르게 가이드가 동행하지 않고 경기장 안으로 나를 들여보내준다. 오직 브로커의 역할을 할 뿐이다. 여기부터는 나의 몫. 아르헨티노스 주니어스의 직원은 아주 간단히 안내 후 경기가 끝나면 경기장 내 박물관으로 내려 오란다. 몰려드는 관중들에 점점 정신이 없어진다. 물론 리버플레이트만큼의 규모는 아니다. 어제 엘 모누멘탈과 다르게 이곳 마라도나 경기장은 아주 오래되고 낡았다. 그리고 경기장은 크지 않다. 비가 많이 오는 날씨에 스탠딩석이 많아 정확히 가늠은 안되지만 3만 명 정도는 수용이 가능해 보이는 크기이다. 좌석도 거의 의자로 구분돼있지 않고 계단식 좌석이니 먼저 앉는 사람이, 그리고 빈틈을 끼어 앉는 사람이 승자다. 혼자 보니 좀 쓸쓸하기는 한데 오히려 집중도 잘 되고 여러 곳을 살펴볼 수 있어 좋다. 내 옆엔 거의 뭐 70년은 축구만 보셨을 것 같은 할아버지 두 분이 앉는다. 몇십 년 축구 관람지기신가 보다.

작고 낡은 경기장이라는 첫인상과는 다르게 관중들로 가득 찬 이곳의 분위기가 반전이다. 역시 축구의 나라 아르헨티나다. 나는 비의 영향을 받지 않는 몇 안 되는 지붕이 있는 좌석에 앉아 편하게 보지만, 대부분 관중석은 비를 그대로 맞고 있다. 그 와중에 저 멀리 서포터즈들은 쏟아지는 비 따위는 아랑곳 안 하고 열정적인 응원을 선보인다. 리드미컬한 북소리에 맞추어 대부분의 관중들이 함께 응원가를 부른다. 작은 경기장에서 이 정도의 소리는 감동을 받지 않을 수 없다. 리버플레이트의 엘 모누멘탈처럼 큰 경기장이 아니어도 단 번에 느낄 수 있다. 오래된 이 로컬 팀은 지역의 자랑이고 삶이다. 단기적인 정치적 성과를 위해 커다란 경기장을 짓고 적자 덩어리가 되어버리는 한국 스포츠의 현실을 보았을 때 이런 단단하고 누적된 지역 기반 팬 문화는 매우 부러울 수밖에 없다. 역시 혼자 축구를 보니 많은 것들이 보인다. 더 가까이서 보이는 선수들의 플레이도 그렇고 사람들이 풍기는 로컬의 느낌도 말이다. 어제 본 것처럼 확실히 아르헨티나 프로축구는 매우 거칠다. 마치 오늘만 사는 것처럼 축구한다. 진짜 실수라도 하면 총 맞을 위험이 있나 싶은데, 이러다 다치진 않을까 아슬아슬하다. 다만 어제와 다른 모습, 이번 팀은 경기력이 아주 좋다. 중위권 팀을 만나긴

했지만 어제보다 경기를 보는 맛이 다르다. 패스 플레이도 
잘 되고 과감한 슛은 골로 연결되는 것을 보니. 그래도 어
느 팀이 그렇듯 홈팬들은 만족하지 못한다. 이름 모를 내
옆의 할아버지는 연신 비속어 느낌의 무언가와 불만을 내뱉는다. 그러면서
가끔은 멀리서 온 외국인 앞인 것이 민망한지 멋쩍은 웃음을 보여주며 머
쓱해한다. 저렇게 사랑할 팀이 있다는 것은 불행하면서도 행복한 일이다.
하물며 이분은 한눈에 봐도 아주 오랜 기간 이 팀을 사랑해 온 것이 틀림없
다. 거의 평생의 동반자 같은. 요즘 우리나라는 축구든 야구든 젊은 층의
인기가 많아지며 노인들의 티켓 구매 접근이 어려워져 관람을 포기하는 사
람도 많다고 한다. 디지털 격차 뭐 이런 단어로 설명하며 말이다. 여러 세
대가 같은 콘텐츠를 공유할 수 있는 기회는 생각보다 별로 없다. 하물며 몇
안 남은 것에서도 이런 단절이 일어나 버린 것이다. 조만간 개선책이 나오
지 않을까 싶다. 이렇게 세네 세대가 한 경기장에서 같은 것을 공유한다는
것은 누구에게나 아주 특별한 경험이다. 이런 점이 유럽이나 이곳에서 축
구를 볼 때 항상 내가 부러워하는 점이다. 이렇게 사회가 빠르게 변화하는
시대에 전 세대를 아우른다는 것은 갈수록 힘이 들기 때문이다.

열정적인 응원은 지켜보는 것만으로도 가슴 벅차다.

경기는 2 대 0으로 홈팀의 압도적인 승리다. 내내 옆에서 욕하던 할아버지는 나를 부둥켜안고 악수를 청한다. 그것참, 스페인어를 못 한다고 그렇게 얘기했는데도 계속 스페인어로 말을 건다. 재미있는 할아버지이다. 솔직히 처음에 아르헨티나인 할아버지가 옆에 앉았을 때 인종차별을 당하지 않을까 내심 걱정된 것도 있었는데 확실히 그런 것은 느끼지 못했다. 이쯤 되면 내가 아르헨티나에 대해 가진 편견도 깰 때가 된 듯하다. 경기장이 한참 정리되고 뮤지엄 투어 대상자를 부르는 방송이 들린다. 나를 포함해 몇 명 안 될 줄 알았는데 내 주위에 앉아 있던 대부분의 사람들이 다 박물관으로 향한다. 좁아터진 실내의 박물관은 만원 지하철처럼 시끌벅적하다. 예상과 같게 이곳은 마라도나로 도배돼 있다. 물론 구단의 역사와 레전드들의 소장품들이 많긴 하지만 그래도 결국은 마라도나다. 유소년의 마라도나, 성인의 마라도나, 국가대표의 마라도나. 그런 것치고는 세계적으로는 많이 알려져 있지 않은 작은 클럽이지만 앞에서 말한 것처럼 자부심을 가질 만하다. 박물관을 쭉 둘러보니 이제는 경기장 내부 코칭스태프석까지 들어 오란다. 경기장 잔디에는 못 들어가지만 비도 오고 딱 이 정도가 적당한 듯싶다. 아마 AC밀란의 산 시로 경기장이나 발렌시아의 메스타야 경기장이었으면 잔디를 못 밟아봐 아쉬울 뻔했는데 말이다. 관람을 끝내고 하나 둘 사람들이 빠져나가니 그 시끌벅적했던 이 작은 경기장도 조용해진다. 청소하시는 분들만 남은 경기장의 이 적막함은 언제 어디서나 쓸쓸하다. 여기에 빗소리까지 더해서 말이다. 신선한 경험을 제공해 준 이곳에 작별을 하고 숙소로 떠난다. 오늘 훌륭한 경기와 특별한 경험의 관람은 만족하나, 여전히 마음 한편에서는 보카주니어스의 경기를 보지 못하는 아쉬움이 남아있다. 보카주니어스의 경기장 내부 투어로 이 아쉬움이 달래질 수 있을까.

실패한 라 봄보네라 직관, 투어로 아쉬움 달래기

라 봄보네라(La Bombonera). 초콜릿 상자라는 뜻의 이 경기장은 세계에서 가장 유명한 남미의 클럽 팀 보카주니어스의 홈구장이다. 약 5만 7천 명을 수용하는 이 경기장은 개인적인 축구장 버킷리스트 세 곳 중 한 곳이었다. 나머지 두 곳은 앞에 잠깐 언급한 이탈리아 밀라노의 산 시로 경기장과 스페인 발렌시아의 메스타야 경기장이다. 이 두 곳은 모두 직접 경기 관람을 했지만 라 봄보네라는 실패했다. 딱 하루의 차이로. 아쉬운 나머지 경기장 투어라도 신청한 것인데 유명 클럽답게 투어마저도 사람이 많다. 또! 비가 옴에도 불구하고 말이다. 보카주니어스의 색은 남색과 노란색. 두 색의 조합은 예쁘지 않을 수 없다. 라 봄보네라 경기장도 이 두 개의 색으로 덮여 있는 것을 보니, 왜 이 경기장을 초콜릿 상자라고 부르는지 알겠다. 경기장 주변도 건물 색을 남색과 노란색으로 해놓았다. 색채가 독특한 라 보카 지역의 특성상, 행정적으로 색을 통일한 것이 아닌 주변 주민들이 자발적으로 보카주니어스의 색을 칠했다고 한다. 보카주니어스는 라 보카를 대표하는 가장 유명한 콘텐츠이기 때문에. 물론 기념품을 팔기 위한 것일 수도 있지만 엄청난 축구 사랑이 아닐 수 없다. 투어를 시작하려는데, 가이드가 또 묻는다. "영어 설명이 필요한 사람?" 이번에도 나 혼자 손을 들었다. 아니 왜 다 스페인어권에서만 아르헨티나를 온다는 말인가! 하긴 생각해 보면 영어를 쓰는 국가들은 자국 축구를 보거나 럭비, 크리켓에나 관심을 가질 테니. 굳이 아르헨티나까지 와서 경기도 아닌 축구장 투어를 하진 않겠다. 민망하게 손을 들고 난 또 시선 집중을 받았다. 이번엔 한 20명쯤 됐는데 말이다. 키가 아주 작고 영어가 유창하며 똘망똘망한 여성 가이드가 나에게 어디서 왔는지 묻는다. 꼬레아 델 수르! 장내가 술렁인다. 어떤 의미의 술렁임인지는 모르겠지만 넘어가기로 한다. 장소를 이동하며 가이드한테는 따로 이야기를 했다. 나는 이 팀의 팬이고 보카주니어스 클럽의 역사와 경기장에 대해 꿰고 있다. 그러니 영어로 설명하는 것은 너무 자세하게 해 줄 필요는 없다고. 물론 대부분은 거짓말이긴 하다. 다만 크게 관심이 많지 않은 주제에 대해 온전히 나만을 위해 설명해 주는 것은 부담스럽기 때문에. 나는 내 눈으로 이 경기장을 담는 것만이 목적이니까.

축구장에서 수직으로 된 관중석을 보기는 쉽지 않다. 더군다나 그 경기장이 빅클럽의 홈구장이다.

1940년에 개장해 1995년에 개보수한 이 오래되고 낡은 경기장이 내 버킷리스트 중 하나였던 이유는 바로 경기장 한쪽 면이 수직으로 세워진 관중석이 있기 때문이다. 이 수직 관중석은 투어에서도 하이라이트 중 하나다. 수용인원이 5만 명이 넘는다는 것은 상당히 큰 규모의 경기장인데 거기에 수직으로 세워진 관중석이라니. 마치 영화 〈해리포터와 불의 잔〉에서 퀴디치 월드컵 경기장과 같은 느낌인데 사실 경기장 건설의 효율성 측면에서는 상당히 비효율적일 수밖에 없다. 수직으로 세우면 높은 층의 사람들도 상대적으로 가까이서 경기를 볼 수 있다는 장점이 있지만, 그만큼 수평으로의 확장이 불가능해 더 많은 관중을 유치할 수 없기 때문이다. 또한 거대한 장벽으로 인해 햇빛을 봐야 하는 그라운드의 잔디가 그늘질 수 있다. 아무래도 1940년에 지어질 정도로 오래되었으니 그 당시 작은 규모에서는 이 수직 스탠드가 충분한 역할을 했을 것이다. 그런데 아무리 보아도 오랫동안 증축해 온 이 경기장이 5만 7천 명을 수용하기엔 부지가 턱없이 작다. 아무래도 스탠딩석을 감안해 최대 수용 가능 관중을 많이 부풀린 것 같다. 이 경기장이 붕괴 위험이 있다는 얘기를 얼핏 들었는데 낭설이 아닐 수도 있겠다. 전 세계 많은 경기장이 그렇듯 오래된 곳은 도시 중심부의 땅값이 많이 오르면서 주변으로 확장할 수 있는 여지가 없어 외곽에 새로 짓는 경우가 많다. 최근 유럽의 유명 클럽들도 경기장을 도시 외곽에 새로 지어 옮기는 경우가 허다하다. 하지만 보카주니어스는 이곳에서의 역사와 전통, 그리고 지역의 자랑을 놓칠 수 없겠지. 축구를 이리 사랑하는 사람들을 보니 그 마음은 이해가 된다. 보카주니어스 경기장 여러 군데를 보고 있는데 어떤 중년의 여성분이 나에게 말을 건다. 한국에서 왔냐고. 그러더니 활짝 웃으며 같이 사진을 찍자고 한다. 어리둥절하며 찍고 나서 촬영 기사인 그녀의 남편이 따로 말을 건다. 본인의 아내는 브라질에서 온 K-드라마의 광팬이라고. 미국 드라마를 본다고 미국인한테 사진을 찍자고는 안 하는데 그것참 신기하다. 아까 한국인임을 밝혔을 때의 술렁임은 이 술렁임이었다고 하는데 새삼 놀랍다. 콘텐츠의 힘이 이리도 강한 것인지. 지구 반대편에서도 느껴지는 이 한류의 영향력이 어떻게 보면 조금 무섭기도 하다.

　라 봄보네라의 박물관은 어제 보았던 아르헨티노스 주니어스의 것보다 훨씬 크고 깔끔하고 정리도 잘 되어 있다. 역시 빅클럽은 빅클럽이다. 근데 옛 선수들을 봐도 모르는 사람이 태반이다. 그래도 보카주니어스 출신으로 세계적으로 알려진 축구 선수들이 많다. 바티스투타, 베론, 리켈메, 테베즈 등. 그런데 웃긴 것은 여기도 결국 마무리는 마라도나다. 보카주니어스는 마라도나가 아르헨티나에서 두 번째로 오래 몸담은 팀이자 은퇴 시 마지막 팀이었다. 은퇴 시 아르헨티노 주니어스를 선택하지 않아 주니어스 구단과 팬들은 매우 슬퍼했겠다. 그러나 이곳에서도 6년 가까이 몸을 담았으니 분명 보카주니어스도 상당한 지분이 있음은 부인할 수 없다. 그렇지만 결국 인지도에서 이기는 것은 또 빅클럽의 네임밸류. 나도 그랬고 딱히 찾아보지 않았다면 마라도나는 보카주니어스 출신으로 알았을 테니 말이다. 앞에 아르헨티노 주니어스 얘기에서는 언급 안 하고 넘어간 것이 있었는데 그것은 바로 신흥종교인 마라도나교의 존재이다. 주니어스의 홈경기장인 마라도나 경기장 1층 바깥쪽에는 마라도나의 신전까지 존재했다. 경제난으로 국내외 혼란 속에 월드컵 우승이라는 뽕을 주신 마라도나 신께 아르헨티나 일반 국민들은 물론 국민들의 불만을 잠시나마 잠재워 준 그를 위해 정치인들도 앞다투어 가서 큰 절을 올렸을 것이다. 도시가, 나라가, 축구팀들이 마라도나로 도배하는 것은 어떻게 보면 이곳에서는 당연한 것으로 보인다. 이토록 마라도나를 신격화하는 이들의 정체성은 무엇인가.

　박물관까지 쭉 들여다보니 저쪽 벽에 커다란 스웨덴 국기가 함께인 상선과 선원들에 대한 큰 그림이 있다. 보카주니어스는 사실 스웨덴과 큰 연관이 있다. 아니 연관이라고 봐야 하나. 원래 다른 색이었던 보카주니어스의 유니폼은 패배가 계속되자 유니폼 색을 바꾸기로 하고 그것을 보카 항구에 처음으로 도착하는 국가의 깃발 색으로 하자고 결정 내렸다고 한다. 그리고 그것이 스웨덴이었던 것이다. 남색과 노란색이 결국에는 스웨덴 국기 색에서 온 것이었다니. 세계적인 클럽의 다소 황당한 의사결정 방식이 참 뭐라 표현하기 어렵다. 역사의 많은 부분들이 당연히도 항상 합리적이지 않지만 남미에서는 유난히 이런 느낌을 많이 받는다. 이런 것들까지 온전히 그들의 문화고 모습이겠지. 보카주니어스 경기장 투어로 여기에서 남미에서의 축구 여행은 끝났다. 브라질에서도 보고 싶었지만 거긴 이미 리그가 진행되는 시즌이 아니기에 안타깝지만 볼 수 없다. 축구는 이 정도로 만족할 수밖에. 4일 내내 비가 온 부에노스아이레스. 사람들이 생각하는 아름다운 모습은 많이 보지 못했다. 안타깝게도. 그러나 또 생각해 보면 이곳만의 콘텐츠를 누구보다 많이 즐겼고 사람도 많이 만났다. 후회는 없다. 내

가 정말로 부에노스아이레스에 올 줄이야. 지금도 기분이 이상하다. 여러

모로 흥미로우면서 복합적인 감정을 불러일으키는 이 도시도 언젠가 다시

또 만날 수 있을까.

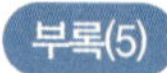

아르헨티나 **Argentina**

수도	부에노스아이레스 Buenos Aires
인구(2025)	4,585만 명
국토 면적	2,766,890㎢(우리나라의 약 28배)
민족 구성	백인 97%, 아메리카 원주민 3%
종교	가톨릭 77%, 개신교 11%
공용 언어	스페인어

경제 규모

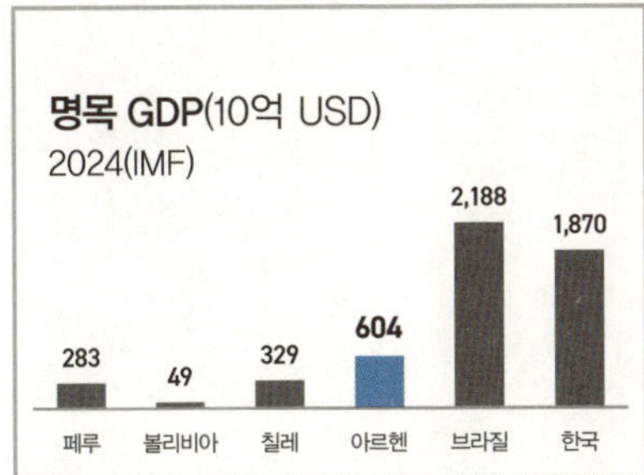

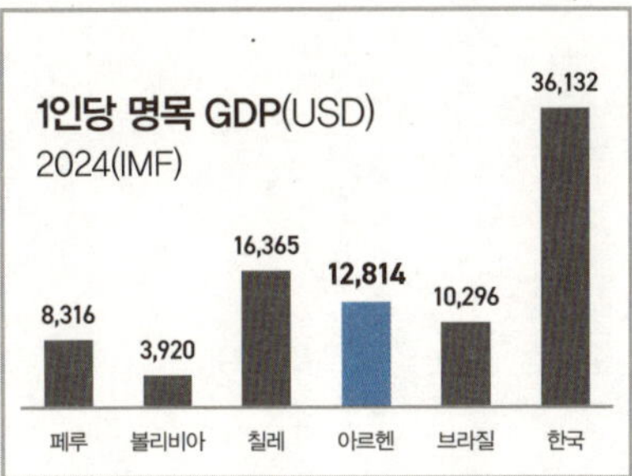

무역 규모

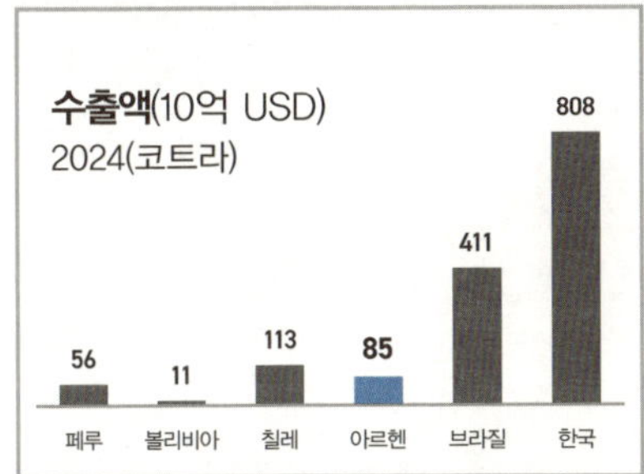

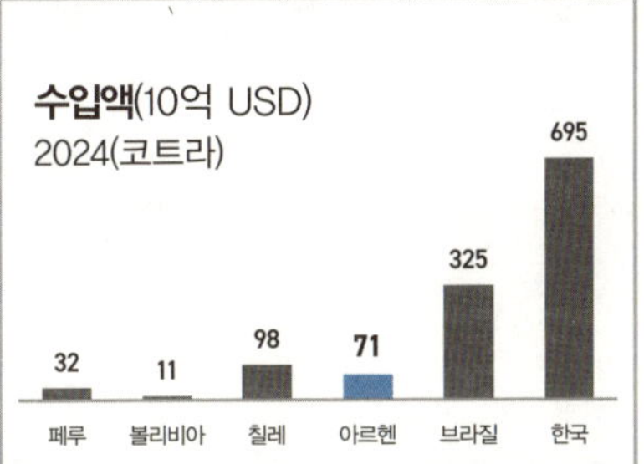

수출 품목: 콩 25%. 옥수수 13%, 자동차 10%, 곡물 8%, 쇠고기 7%

수입 품목: 기계류 18%, 자동차 15%, 석유제품 12%, 의약품 8%, 전자 7%

5부

거대한 자연을
마주하다,

이구아수

14 | 아르헨티나에도 정글이 있다?
푸에르토 이구아수

계륵인 이구아수에 방문한 이유

나는 내가 폭포 관람에 여행 일정을 할애하게 될 줄은 꿈에도 몰랐다. 사실 남미가 자연을 테마로 여행을 하는 것 자체가 처음이기 때문에 그렇기도 하지만 고작 폭포를 보기 위해 소중한 이틀을 쓴다니. 남미 여행을 계획하다 보면 일정만 생각했을 때 이구아수 폭포는 계륵에 가깝다. 이곳은 남아메리카 대륙 거의 동쪽 끝에 위치하여 여행의 시작 또는 끄트머리로 계획해야 하는 경우가 대다수이다. 그러나 이구아수에 위치한 어느 도시도 남미 대륙에 들어오고 나가는 기점으로 용이한 곳들이 아니다. 그러므로 보통 일정상 아르헨티나 부에노스아이레스와 브라질 리우(또는 상파울루)를 오가는 사이에 이구아수의 일정을 넣게 된다. 고로, 어떤 일정이든 이구아수 폭포를 포함하려면 대부분 브라질의 리우나 상파울루를 넣어야 한다는 것이다. 그런데 사실 브라질의 리우나 상파울루는 지금까지 머물러 온 도시들에 비해 매력도가 여행지로서는 떨어진다. 그래서 계륵이라고 표현한 이구아수는 처음 계획 시 상당한 고민을 하게 만들었다. 결과적으로는 남미까지 간 김에 아르헨티나에서 끝내지 말고 브라질에도 가 보자는 마음과, 이구아수 폭포를 다녀온 경험자의 조언이 나를 설득시켰다. 회사 동료인 그는 전 세계 여행을 다녔는데 세계 3대 폭포인 나이아가라, 빅토리아, 이구아수를 모두 가보았지만 그중 단연 이구아수가 제일이라 했다. 이것도 간 김에 꼭 보고 오라고. 사실 이 친구의 경험담 덕에 이번 여행을 남미로 선택한 것도 있다. 약 한 달간의 기간 동안 여행에 내가 제시한 북아프리카—스페인 루트, 멕시코를 포함한 중앙아메리카 루트 등 몇 가지 여행 루트를 보더니 다 가본 입장에서는 고민할 것도 없이 남미라고 알려줬기 때문이다. 지금까지의 남미 여행이 만족스러웠던 터라 자연스럽게 이구아수도 기대가 되기 시작한다.

이구아수 폭포 자체는 사실 과거 파라과이 영토 내 있었다. 그러다가 파라과이를 대상으로 벌어진 브라질과 아르헨티나, 우루과이 연합의 전쟁으로 이곳을 빼앗기고 지금에 위치하게 되었다. 브라질과 아르헨티나의 경계에 위치한 이구아수 폭포는 바로 주변에 파라과이 국경도 거의 맞닿아 있다. 이 삼국의 경계가 되는 통칭 이구아수는 각각 삼국의 꽤 큰 도시들로 이루어져 있는데 각각 아르헨티나의 푸에르토 이구아수, 브라질의 포즈두 이구아수, 파라과이의 시우다드 델에스테다. 뒤에 얘기하겠지만 두 개의 강으로 구분된 이 삼국의 국경은 각각 관광지로 조성돼 또 하나의 볼거리를 제공한다. 그러나 파라과이의 시우다드 델에스테는 굳이 파라과이 땅을 잠깐 밟아보겠다는 의지가 없다면 갈 이유를 찾기 힘든, 그냥 옆의 큰 도시 정도의 존재감이다. 여기서는 이구아수 폭포를 전혀 볼 수도 없고 외부 관광객을 끌어당길 특별한 무언가가 있지 않기 때문이다. 이구아수 폭포는 북쪽의 브라질과 남쪽의 아르헨티나가 거의 정확히 반반씩 양분하고 있는데 두 곳 모두 유네스코 자연유산에 각각 등록되어 있고 서로 경쟁적으로 관광객을 유치한다. 같은 폭포지만 두 사이드가 각각의 매력을 가지고 있어서 이곳을 찾는 사람들은 두 곳 모두 방문하는 경우가 많다. 나도 다르지 않았다. 그러나 두 곳으로 분할된 폭포 덕분에 처음 일정을 잡을 때 매우 헷갈리는 부분이 적지 않았다. 도시 이름도 헷갈리는데 공항도 코드가 비슷하다. 아르헨티나와 브라질 이구아수에 각각 공항이 있고, 이 두 곳은 서로 국경 버스로 이동한다. 일정은 아침에 부에노스아이레스를 항공편으로 떠나 푸에르토 이구아수 공항(IGR)으로 이동을 먼저 한다. 그 후 근처의 아르헨티나 사이드의 이구아수 폭포를 관람하고, 버스로 브라질 포즈두이구아수로 국경을 넘어 호텔 체크인을 마무리한다. 다음 날 아침 브라질 사이드의 폭포 관람 후 오후나 저녁에 시간이 허락한다면 삼국 국경 지역 방문을 할 계획이다. 그리고 다음날 아침 포즈두이구아수 공항(IGU)에서 떠나는 2박 3일 일정으로 이구아수는 마무리이다. 빠듯하기는 한데 불가능한 일정은 전혀 아니었다. 문제는 여행 후반으로 갈수록 버거워지는 체력뿐. 두 번의 이구아수 폭포에서는 몇 보나 걷게 될 것인가. 거대한 폭포를 보는 데 얼마나 걷는지는 사전에 알기 힘든 정보다. 다들 경험도 다르고 어떤 루트를 선택했는지에 따라 다르기 때문이다. 뭐, 언제는 철저하게 준비하고 계획하고 갔나. 또 부딪혀 보아야겠다.

푸에르토 이구아수 공항에 착륙하는데 나름 여행 좀 다녀봤다고 자부하지만 이런 광경은 처음 본다. 사방이 초록 초록한 나무로 도배되어 있다. 끝이 안 보이는 아주 거대한 숲 한가운데 착륙하는 느낌으로 그동안과는 사뭇 다른 기분을 느끼게 해 주었다. 〈인디아나 존스〉 영화 같은 느낌이랄까. 아르헨티나도 이런 곳이 있구나. 이곳은 우리가 잘 알고 있는 아마존 강 영역의 아마조니아 정글은 아니다. 그러나 보급형 아마존이라

말도 안 되게 끝없는 정글이 펼쳐져 있는 이구아수

　남미에 가지 않을 이들을 위한 기행

고 봐도 될 정도로 울창한 숲을 보여준다. 푸에르토 이구아수 공항은 크지 않지만 유명 관광지답게 볼리비아에서와 같은 불편함은 없었다. 단지 공항에서 이구아수 폭포까지 15분 거리이지만 운임이 3만 원(2만5천 페소)이 조금 넘는 전용 택시를 이용해야 하는 점이 별로다. 이것도 며칠 전에 오른 것이란다. 대중교통이 없는 전용 택시 독점 구간이라 방법은 없다. 끝까지 참 비싼 아르헨티나답다. 이구아수 폭포로 가는 길은 예상과 같이 또 울창했다. 남미에서 사막과 도시, 극지방에 가까운 빙하 지역을 차례로 겪다가 울창한 나무들을 보니 이 여행이 참 다채롭다는 생각이 든다. 곳곳에 재규어를 조심하라는 표지판도 보였지만 애써 모른 척을 해본다.

더 가까이서 보는 장관, 아르헨티나 사이드의 이구아수 폭포

시원한 택시에서 내리니 고온에 다습한 전형적인 한국의 여름 날씨가 나를 맞이한다. 아무래도 직전 도시인 부에노스아이레스는 날씨도 비가 오거나 흐렸고, 지금 도착한 이곳은 적도에 더 가깝다. 사실 그 논리라면 첫 도시였던 페루의 리마가 더 더웠어야 했는데 아무래도 바다와 떨어진 내륙 지역인 이곳이 더 더운 듯하다. 비싼 입장료를 내고 비싸게 짐을 맡긴 다음 가벼운 마음으로 국립공원으로 들어간다. 어제 남미 여행 카페에 올라와 있었던 이곳에서의 비용 후기보다 금액이 더 올랐다. 국가에서 운영하는 곳임에도 불구하고 하루가 다르게 금액이 올라간다니. 소문대로 인플레이션이 어마어마한가 보다. 얼른 아르헨티나를 떠나는 수밖에. 아르헨티나 사이드의 이구아수 국립공원은 다양한 코스로 걸을 수가 있다. 크게 세 가지인데, 폭포의 아래쪽을 볼 수 있는 루트(Lower Trail), 폭포 위쪽의 루트(Upper Trail), 그리고 대망의 이구아수 폭포의 하이라이트 악마의 목구멍 루트(Devil's Throat)가 있다. 악마의 목구멍은 이구아수의 폭포들 중에서도 가장 크고 엄청난 물이 떨어져 굉음이 나는 이곳의 대표적인 폭포다. 이곳은 폭포의 뒤쪽으로 크게 돌아가 폭포 위로 설치된 트레일을 걷는 코스인데, 그 트레일 시작점까지가 멀어서 셔틀 기차를 설치해 놨다. 이구아수 폭포 공원을 찾는 대부분의 관광객들은 아르헨티나 사이드와 브라질 사이드 둘 중 하나 또는 둘 다 보트 투어를 신청한다. 앞의 페리토 모레노 빙하와는 다르게 폭포에 아주 가까이 다가가기 때문에 온몸이 젖는다고 한다. 다만 나는 이번에도 두 사이드 모두 보트 투어는 하지 않았다. 그렇게까지 젖는 것도 싫고 크게 기대되지는 않았기 때문이다. 도보를 이용해 가장 가까운 로어트레일을 먼저 갔다가 어퍼트레일-악마의 목구멍 트레일 순서로 가기로 결정했다.

처음 입장부터 로어트레일의 어느 정도 구간까지는 폭포가 보이지도 않는다. 거의 정글 내의 공원을 헤매는 느낌. 습한 더위라 그런지 걷는 것도 금방 지친다. 사람들은 거의 헐벗고 다닌다. 이미 남미의 더운 지역에서 많이 봐왔기 때문에 이런 것들이 보기에 이상하지는 않다. 한국인과 일본인이 많이 보수적이었던 것일까 생각이 들 정도. 사실 이 생각은 외국 어딜 가든 비슷하게 느껴지긴 한다. 로어트레일은 생각보다 인기가 많지 않아 사람은 상대적으로 많지 않다. 폭포는 아래에서 보는 게 더 좋지 않나? 이해가 가지 않는다. 점점 폭포 소리가 가까워지더니 눈에 들어온다. '오, 멋있네.' 하지만 그것이 끝이 아니다. 한눈에 안 들어올 정도로 널따란 폭포 병풍이 펼쳐져 있다. 규모가 매우 비현실적이다. 이렇게 멀리서 보는데도 말이다. 북적이는 사람들과 폭포 소리 그리고 웅장한 비주얼로 오감이 바쁘다. 점점 가까워지는 폭포와 그에 따른 오감의 자극 때문에 점점 더 정신이 없어진다. 로어트레일은 폭포가 내려온 아랫부분을 가까이서 볼 수 있어 좋다. 길가 옆에 흐르는 강의 지류들은 내가 정글에 있는 것을 실감할 수 있다. 지나 보니 조금 아쉬웠던 것은 공원의 크기를 감히 가늠하지 못하여 혹여나 뒤에 시간이 부족할까 봐 로어트레일을 빠르게 훅훅 지나쳤다는 것이다. 안 그래도 됐었는데 말이다.

로어트레일을 빠르게 지나서 어퍼트레일로 향한다. 폭포의 위쪽인 이곳은 폭포 위에 설치된 트레일이 대부분인데 확실히 로어트레일보다 사람이 많다. 위에서 보는 폭포는 뭔가 색다르다. 아무래도 처음 보는 광경이니. 물이 떨어지는 지점에서 폭포를 보는 것은 좀처럼 보기 쉽지 않은 광경이긴 하다. 다만 폭포 전체를 보기에는 무리가 있다. 말 그대로 폭포의 윗물을 보는 곳이라 아무래도 시야의 제한이 있다. 폭포의 전체 모습을 보고 싶다면 로어트레일에서 시간을 좀 더 보내는 것이 나았다. 다른 코스에 비해 사람이 적어 여유롭기도 하니. 아, 차라리 어퍼트레일 후에 로어트레일을 가볼 것을 그랬나? 이미 늦었다. 거꾸로 했으면 또 반대를 바랐을지도 모른다. 이 거대한 공원에 폭포 수가 워낙 많아 이동하는 길에 작은 폭포들도 많이 보인다. 폭포가 워낙 많아 폭포에 대한 감흥이 무뎌질 때쯤 생전 처음 보는 동물들의 무리가 나를 향해 다가온다. 얼핏 보면 크기부터 라쿤과 비슷해 보이는 이 동물은 주둥이가 개미핥기처럼 뾰족하게 튀어나와 있고 색은 너구리처럼 갈색이며 꼬리는 라쿤처럼 갈색에 짙은 줄무늬가 규칙적으로 나 있어 마치 내가 알고 있는 동물들의 혼종 같은 느낌이 든다. 이들의 이름은 코아티(Coati). 이들은 인간에게 특별히 해를 끼치지는 않지만 식탐이 지독하다. 인간은 신경 쓰지 않고 오로지 먹을 것만 찾는다. 수많은 관광객들이 흘리거나 주는 음식들을 대놓고 구걸하는 모습은 마치 호주에서 본 주머니쥐(Possum) 같다. 심지어 자기들끼리 싸우기도 한다. 무언가 인간보다 더 원색적인 경쟁 사회에 살고 있는 이들에게 크게 정이 가진 않는다. 아무래도 나한테 관심이 없어서 그런 듯. 원숭이나 도마뱀을 볼 수 있는 기회가 있으면 좋겠다.

마지막 세 번째 마지막 트레일인 악마의 목구멍은 시종일관 테마파크 같은 이곳에서 셔틀 기차를 타고 폭포의 저 뒤편으로 이동해야 한다. 말이 기차지 거의 모노레일이다. 작고 볼품없고 승차감도 안 좋은 이 오래된 기차는 이 공원에 들어온 이상 무료로 제공되지만 제한된 좌석으로 인해 한 시간을 더 기다려야 탈 수 있다. 걸어가 볼까도 생각해 봤지만 덥고 습한 날씨에 벌써 20일이 넘어버린 여행 기간인 만큼 굳이 무리하지는 않기로 한다. 한 시간이나 기다릴 것을 알았다면 앞서 지나온 로어트 레일에서 시간을 더 보낼 걸 다시 한번 후회하지만 이런 예상치 못한 여유도 나쁘지 않다. 긍정적인 마인드. 나같이 기다리는 사람이 많다. 삼삼오오 모여 있는데 상점을 제외한 나머지 곳들은 모두 밖에 있어 더위를 피할 수 없다. 그래도 셸터는 설치돼 있어 햇빛을

사람 많은 곳엔 시종일관 코아티가 있다.

직접 맞지 않는 것을 다행으로 여겨야 하나. 아주 자연스럽게 상점에서 파는 시원한 물이나 음료가 눈에 들어온다. 마치 서울의 여느 산 정상에서 아이스크림이나 막걸리를 사는 것처럼 여기서 사면 엄청 비싸다는 것을 알고 있다. 그러나 본능은 어쩔 수 없다. 상점의 전략적 배치가 아주 잘 맞아떨어졌다. 콜라 한 병을 사기 위한 긴 줄에서의 인내와 5,000원이라는 비싼 가격도 이 시원한 첫 목 넘김의 쾌감 하나로 그 정도의 값어치를 했다. 더위가 약간 가시니 코아티 무리들이 몰려온다. 얘네들도 무언가 타이밍이 있나 보다. 나를 포함한 사람들은 귀엽지만 귀엽지 않은 코아티 무리들의 사진과 영상을 찍어댄다. 누군가는 먹이를 주며 유혹한다. 이곳 특유의 콘텐츠를 원하는 사람들과 먹을 것을 원하는 코아티 무리들 간의 아주 알맞은 거래가 아닐 수 없다. 시끌벅적한 사람들, 코아티 무리의 이상한 소리, 새소리, 바람 소리, 작게 들리는 폭포 소리가 한데 섞여 복작복작하다.

이구아수 폭포의 하이라이트, 악마의 목구멍

오래 기다린 기차를 타고 악마의 목구멍에 도착했다. 악마의 목구멍. 스페인어로는 Garganta del Diablo인데, 스페인어의 del, de는 영어의 of, 일본어의 の와 같이 '~의'를 의미한다. 스페인어권에서 길게 여행을 하다 보면 자연스럽게 체득하게 된다. 그럼 Garganta는 목구멍이라는 뜻일 거고 Diablo는 악마구나 알 수 있다. 블리자드의 유명한 게임 디아블로가

그냥 스페인어로 악마라는 뜻이었다. 굉장히 대충 지은 감이 없지 않네. 볼리비아에서도 눈치를 챘지만 '악마'라는 이름이 들어간 지형이 몇 있다. 라파스 동쪽 외곽 달의 계곡 근처에 악마의 이빨이라는 뾰족한 산봉우리도 있는데 아무래도 남미 대부분이 가톨릭 문화권이라 비유적 표현에서 악마가 가지는 의미가 큰가 보다. 악마의 목구멍에서는 로어트레일이나 어퍼트레일처럼 많이 걷지는 않았다. 단지 악마의 목구멍 폭포까지 상류 부분을 물 위로 트레일을 만든 길이라 그늘이 하나도 없어 습한 땡볕에 그대로 노출되어 가는 과정이 길게 느껴질 뿐. 한참을 걸으니 사람들이 모여있는 목표점이 보인다. 아주 평화로웠던 상류의 잔잔한 물결과 달리 거대한 폭포 소리가 귀를 때린다. 앞에서 오감이 바빴다고 표현했는데 이곳은 폭포의 아주 윗부분임에도 불구하고 엄청나게 튀는 물들과 소리로 눈을 제대로 뜨기조차 힘들다. 그 와중에 시끌벅적한 사람들은 좀 더 가까이서 폭포를 보려, 또는 사진을 찍으려 좋은 자리를 차지하기 위해 암묵적인 경쟁을 치르고 있다. 나야 혼자라서 괜찮지만 단체인 경우는 자리 잡기가 힘들어 보였다. 내 코가 석 자다. 신경 쓸 겨를도 없이 얼른 폭포를 감상한다. 지구상에서 가장 큰 폭포, 그중에서도 가장 유명한 악마의 목구멍과 나는 가장 가까이 있다. 말 그대로 365일 24시간 떨어지는 엄청난 양의 물은 역시 자연의 경외감을 다시 불러일으킨다. 이 광경에 심취한 몇몇은 넋을 놓고 폭포를 바라본다. 반면에 누군가는 오로지 사진이 목적이다. 아무래도 인스타그램을 하나 보다. 개인적으로

숨이 멎을 정도의 충격과 감동인 정도까지는 아니었지만 인생에 한 번쯤은 꼭 와 봐야 할 장소임에는 조금도 이견이 없다. 몇몇 사람들에게 버킷리스트이자 인생 여행지인 것은 이유가 있기 마련이다. 남미 여행은 장담하는데 감탄의 연속이다. 내일 브라질 사이드에서는 또 어떤 감동이 날 만족시킬지 기대된다.

아르헨티나 사이드 이구아수 폭포에서 이제 브라질로 국경을 넘어가야 한다. 포즈두이구아수까지는 버스로만 이동한다. 이것 때문에 호텔을 터미널 옆으로 잡았다. 파워 J 같지 않은가. 그런데 이 루트는 버스를 두 번 갈아타야 한다. 아르헨티나 이구아수에서 아르헨티나 푸에르토 이구아수 터미널까지 이동 후 포즈두이구아수행 버스로 갈아탄다. 그다음 아르헨티나 국경 사무소에서 한 번 내려 간단한 출국 수속을 받고 다리를 건너 브라질의 국경 사무소에서 입국 수속을 받는다. 출국 사무소는 시간이 오래 걸리지 않아 버스가 기다려 주는데, 브라질의 입국 사무소는 그렇지 않아 내가 탔던 버스는 떠난다. 그 대신 같은 버스 회사의 탑승 티켓을 보여주면 다음에 오는 같은 버스를 추가 요금 없이 탑승할 수 있다. 아, 그리고 당일에 숙박 없이 포즈두이구아수를 방문하고 돌아오는 일정이면 별도의 입국 수속은 없다고 한다. 나는 아르헨티나를 떠나 완전히 브라질로 넘어가는 것이기 때문에 입국 수속이 필요했다. 아르헨티나엔 없었던 여권 도장을 브라질에서는 쾅 찍어 주며 수속 자체는 빠르게 끝났다. 그런데 버스가 정말 안

이곳에서의 모습은 절대로 사진으로 담지 못한다.

오네. 마침 모바일 데이터도 다 쓴 상태라 그저 답답하기만 하다. 생각해 보니 이렇게 버스를 기다린 후기에는 얼마나 기다렸는지는 없었던 것 같다. 나보다 한참 기다린 것 같은 옆에 몇몇 남자는 먼저 떠나는 것을 보고 내 버스도 올 것이라는 기대를 놓지 않는다. 하루 종일 걷다가 잘 모르는 국경 이동까지 하다 보니 몸도 마음도 많이 지친 상태다. 거기에 버스가 오질 않아 짜증이 나기 시작한다. 폰이라도 됐으면 택시라도 불렀을 텐데. 한 30분을 기다렸나. 드디어 버스가 왔다. 버스에 대한 반가움과 원망의 양가 감정이 든다. 사실 옛날 같았으면 이 정도는 별거 아닌데 정말 갈수록 인내심이 줄어드는 것인가. 아무것도 없이 빈 시간을 보내는 것이 점점 힘든 것 같다. 반성해야겠다.

15 | 나의 첫 브라질, 포즈두이구아수

파노라마로 펼쳐지는 브라질 사이드 이구아수 폭포

3월 6일 (23일 차) 남아메리카 - 브라질 - 포즈두이구아수

저녁을 허겁지겁 먹고 숙면을 취했는지 브라질에서의 첫 아침은 매우 편안했다. 처음 내디딘 브라질 땅은 낯설었지만 어딘가 친숙함이 느껴진다. 정말 국경 하나만 두고 같은 지역인데 아르헨티나와는 확연히 느낌이 다르다. 무언가 절제되지 않고 자유분방하며 정돈되지 않은 분위기. 아르헨티나는 어느 도시든 비교적 정갈한 도시 조경이 보이는데 여긴 그렇지 않다. 마치 깨끗한 인도 같은. 뒤에 방문한 리우데자네이루나 상파울루도 인도와 느껴지는 것이 비슷하다. 잘 모르겠지만 국가마다 추구하는 바가 각각 다르게 있나 보다. 악명 높은 브라질 치안이 걱정됐지만 이곳 포즈두이구아수에서 그런 것은 느끼지 못했다. 밤 내내 들리는 길거리 음악소리는 오히

려 현지의 풍미를 더해줬을 뿐. 오늘은 이구아수 국립공원의 브라질 사이드를 방문하는 날이다. 솔직히 별 기대가 되지는 않는다. 가는 내내 꼭 가야 하나 싶었지만 온 김에 가긴 가야지. 같은 폭포를 반으로 국경 하나 그어놓고 다른 쪽에서 보는 게 뭐 얼마나 특별하겠는가. 그럼에도 불구하고 두 사이드 모두 관람 경험이 있는 사람들은 대부분 두 사이드 다 보기를 권장했다. 가까이서 폭포를 즐기는 아르헨티나 사이드와 달리 브라질은 전체를 한눈에 바라볼 수 있다고. 두 곳 다 봐야 한다는 의견은 거의 일치했으나, 두 곳 중 어느 곳이 더 나았는지에 대한 선호도는 사람마다 갈리는 게 신기한 포인트긴 하다.

아르헨티나에서 브라질로 오니 한 가지 확연히 느껴지는 좋은 점은 갑자기 확 낮아진 물가가 체감된다는 것이다. 페트병 물 하나에 4,000원 하던 아르헨티나였는데 여기선 한국과 비슷한 1,000원 수준이니 확실히 부담이 덜하다. 터미널 근처에 있는 호텔에서 이구아수 폭포까지 가는 교통편은 심지어 시내버스가 있다. 한 번 타는데 한화 1,300원 정도. 따뜻한 물가에 마음도 따뜻해진다. 날씨도 유난히 따뜻한 듯. 아르헨티나에서만 8일을 있었으니 이번 여행에 일정상, 그리고 예산상으로 아르헨티나의 비중이 매우 큰 편이긴 했다. 그러니 인플레이션 고물가의 타격이 제대로 왔을 수밖에. 포즈두이구아수 숙소 근처 터미널에서 이구아수 공원까지는 차량으로 25분 정도로 그리 멀진 않았지만, 모든 정류장에 다 서는 오래되고 승차감이 매우 좋지 않은 버스 덕에 약 한 시간이 걸렸다. 싸게 가는데 무슨 불만을 가질 것인가. 아르헨티나도 그렇고 버스를 새로 안 사나 보다. 브라질 사이드의 이구아수 공원의 외양은 아르헨티나의 그것과 크게 다르진 않았다. 여름날 사파리 테마파크 같은 외양도 비슷하다. 다만 직원들이 생각 외로 너무 친절해서 신기했다는 점 정도가 인상적이다. 아시아 밖에서 이런 환대는 생각보다 겪기 힘든 경험이다. 무엇을 물어봐도 다 대답해 줄 것 같다. 여기서는 티켓을 사면 바로 셔틀버스를 타고 폭포가 보이는 포인트까지 이동한다. 셔틀버스는 티켓을 구매한 순서대로 배정되며 자주 있어서 많이 기다리지 않았다. 20분가량 걸리는 셔틀버스는 2층 버스인데 2층은 투어 버스처럼 사방이 뚫려 있어 여름날을 느끼기 좋다. 이것도 선착순 운이 좋아야 하는데 나는 그렇지 못해 1층에서 쭈그리고 유리창 안에 갇혔다. 가는 길에 특이한 표지판이 있었는데 그것은 아르헨티나 사이드에서 본 것과 비슷하게도 재규어를 조심하라는 경고 표지판이었다. 사진을 찍지 못해 아쉽다. 정말 그냥 걸어가다가 재규어와 마주치면 죽을 수도 있다는 뜻인데 섬뜩하지 않을 수 없다. 한국의 야생에서는 사람을 죽음까지 몰 수 있는 육식동물이 거의 존재하지 않는다. 기껏해야 반달곰 정도? 그것마저 마주칠 가능성이 희박하긴 한데 이곳은 재규어라니 정글은 정글이다.

비현실적인 규모의 파노라마가 내 눈 앞에 펼쳐져 있다.

버스에서 내리자마자 거대한 폭포가 한눈에 들어온다. 보자마자 깨달았다. 브라질과 아르헨티나 사이드에 대한 선호도가 왜 다른지를. 브라질은 말 그대로 폭포를 한눈에 조망하기 좋게 트레일을 짜 놨다. 거대한 폭포 병풍을 한눈에 담고 분위기를 느낄 수 있게 한 것이다. 개인적으로는 이 브라질 사이드를 더 선호한다. 약간 떨어져서 보기 때문에 관광객들도 좀 더 여유로운 느낌이다. 우거진 나무들 사이사이로 보이는 거대한 폭포가 현실감을 잊게 해 준다. 영화 〈아바타〉? 〈쥬라기 공원〉? 자연이라고 해봤자 거

기서 거기 아니겠나 싶었는데 그렇지 않았다. 마추픽추나 우유니 소금 사막 등은 이미 미디어에서 너무 노출이 되어 육안으로 보았을 때 약간 감동이 덜한 맛도 좀 있었는데,

이구아수 폭포는 카메라로 제대로 담기도 쉽지 않아 미디어로 접하지 못했었나 보다. 또한 너무 넓어서 어느 한 포인트로 폭포를 홍보하는 것은 어려웠을 것이다. 이 광활한 폭포를 두 국가가 반반씩 나누었고 세계적인 관광지가 된 것은 물론 심지어 유네스코 지정 자연유산이라니. 그 규모를 가늠하기 쉽지 않다. 아르헨티나 사이드와는 달리 이곳에서는 천천히 걸으며 폭포를 음미한다. 점점 가까워지면서 소리가 커지는 것은 똑같다. 여기도 악마의 목구멍 전망대가 있다. 위에서 직접 본 아르헨티나 사이드와는 다르게 여기는 폭포 아래에서 약간 떨어져 볼 수 있다. 한눈에 보인다는 것이 나름의 포인트이긴 하나, 굳이 만들 거 왜 이리 멀리다가 만들었는지 생각이 든다. 그랬던 그 찰나에 엄청난 수증기가 얼굴을 때린다. 저 멀리서 떨어져 부서진 물들이 여기까지 튀고 난리도 아니다. 아, 멀리다가 만든 이유가 있구나. 사람은 많은데 길은 좁고 난장판이다. 아까의 여유는 어디 갔는지. 이미 나도 사람들도 젖지 않기는 포기했다. 아르헨티나 사이드보다 머리부터 발끝까지 싹 다 젖었다.

폭포 하나에 대도시 3개가 맞닿은 이곳

정신없는 악마의 목구멍을 빠져나와 조금은 쉴 수 있는 가판대가 있는 곳으로 나와 몸을 말린다. 여전히 햇빛은 강하고 젖은 옷과 몸은 금방 마를 수밖에 없다. 자외선은 덤. 이곳은 쉴 수 있는 곳인 동시에 또 다른 폭포의 전망대다. 바로 눈앞에 거대한 폭포가 떨어지는데 여기서는 신기하게도 조금도 물에 젖지 않는다. 그래서 많은 사람들이 삼삼오오 사진을 찍는데 본의 아니게 나에게 촬영을 부탁하는 사람이 많다. 나는 단지 몸을 말리고 있었을 뿐인데. 다들 이곳에서 모습을 남기려 분주하다. 생각보다 걷지도 않았고 시간도 얼마 안 갔는데 이곳의 폭포 관람은 빠르게 끝나버렸다. 이제 다시 셔틀버스를 타는 곳으로 가야 하는데 저쪽에 사람들이 모여서 하나같이 나무 위를 바라보고 있다. 무언가가 있다는 직감에 이끌려 그들의 시선을 따라가니, 아니나 다를까. 원숭이가 있었다. 내가 동물원 말고 야생 원숭이를 본 적이 있었나? 새삼 신기하다. 원숭이야말로 식상할 수 있는 흔하디 흔한 동물인데 직접 보는 것은 다르다. 정글은 정글인지 인간의 시선 따위는 신경 쓰지 않고 하고 싶은 대로 움직인다. 이미 너무나 익숙한가 보

다. 주변에 코아티들이 역시나 먹을 것을 찾으러 다니며 분주하게 움직인다. 그러나 사람들의 시선은 원숭이에게로 집중돼 있다. 역시 희소성의 법칙. 코아티 따위는 이미

시시해진 지 오래라고! 한참을 지켜보다 좀 더 걸어갔는데 이번에는 또 저 숲 속 사이에 또 다른 원숭이가 보인다. 이번에는 나만 발견했다는 것. 그냥 쳐다보고 있는 것만 해도 신기하고 흥미롭다. 웬 동양인이 혼자 숲 속 방향을 멍하니 바라보고 있으니 하나둘 모여들어 같이 원숭이를 발견한다. 너를 스타로 만들어주었으니 나는 이제 물러나야지. 내가 좋아하는 도마뱀을 못 본 것이 못내 아쉽다. 간단한 점심을 먹고 브라질 사이드에서의 이구아수 폭포 여정을 마무리한다. 이구아수 폭포는 거대하고 독보적이다. 그러나 아무리 그렇다 하더라도 결국 내가 본 폭포는 '어제 본 폭포'였다. 조금 다른 뷰로 보았을 뿐. 내 눈에 더 들어왔던 것은 정글 속의 동물들이었다. 다큐멘터리를 보는 듯한 착각을 불러일으키는 이들의 모습은 그 어느 것보다 이국적이고 색다르다. 물론 재규어를 마주쳤다면 얘기는 달라졌겠지만. 오늘 이구아수에서는 별로 걷지 않았다. 워치로 기록된 걸은 거리를 보니 어제 아르헨티나 사이드는 8km였고 오늘 여기는 2.3km다. 거의 4분의 1 수준. 실제로 공원의 크기는 브라질이 훨씬 크다고 하는데 아무래도 나처럼 버스를 타는 사람이 아닌 트레킹 코스를 위한 넓이인가 보다. 그렇지. 마추픽추처럼 내가 본 것은 아주 제한된 일부였을 것이다. 어찌 이 큰 대륙을 하나하나 다 볼 수 있겠는가. 여전히 날은 덥고 습한데 얼른 숙소로 돌아가야겠다.

이구아수 폭포 투어는 이렇게 생각보다 빨리 마무리했다. 그리고 이곳에

강을 경계로 좌측 상단이 아르헨티나, 좌측 하단이 브라질, 우측이 파라과이 영토이다.

서의 시간은 한나절이나 남았다. 사실 브라질 사이드 이구아수 폭포 관람이 빠르게 끝났을 때를 대비해 시도해 볼 플랜 B가 두 가지 있었다. 하나는 바로 옆 파라과이 국경을 넘어가서 파라과이의 도시 시우다드 델 에스테를 가보는 것이고 나머지 하나는 앞서 언급한 삼국의 국경이 나누어진 지역에 가보는 것. 첫 번째 옵션은 '나는 파라과이에 가봤다.'라고 말할 수 있는 말 그대로 파라과이 영토에 들어가는 행위였으나, 특별히 할 것도 없는 도시에 굳이 시간과 노력을 쓰고 싶지 않았다. 지금까지 육로로 국경 이동 시 생각보다 번거로웠던 점도 한몫했다. 두 번째 옵션은 비교적 단순한데 재미있는 것은 삼국이 만나는 이 국경지대를 삼국이 모두 관광지화시켰다는 것이었다. 나는 지금 브라질 사이드에 있으니 브라질 쪽으로 가야 한다.

적절한 내적 타협과 더불어 두 번째 옵션을 선택했다. 3개 국가의 이정표가 있는 곳에 가서 사진을 찍어야지. 해가 질 때쯤에 그곳에서 공연도 하고 이벤트가 많다 해서 시간을 맞춰 가보았다. 엥? 그런데 입장료가 있다니. 55브라질 헤알이니 한국 돈 약 1만 5천 원 정도. 온 김에 안 볼 수도 없으니 예상하지 못한 비용을 지불한다. 아무리 생각해도 그 정도의 가치는 없을 것 같은데 말이다. 나중에 안 사실이지만 이 삼국 국경 지역에 각자 관광지화를 시켰지만 브라질 사이드만 입장료를 받는다고 한다. 이구아수 공원도 그렇고 브라질은 물가와 별개로 무언가 관광에 대한 상품화가 적극적인 듯하다. 디지털화와 함께 말이다. 아무래도 자본주의를 표방하는 정권의 정책이 주는 영향이 큰 이유이지 않을까 싶은데 남미 국가들 중 유난히 이런 것들이 눈에 띈다. 이곳의 이름은 Marco das Três Fronteiras. 정확한 뜻은 모르겠지만 3개국의 국경이 모인 곳 정도의 의미로 보인다. 브라질에 있는 순간, 그나마 익숙해진 스페인어는 이제 무용지물이다. 이곳엔 트레이드마크와 같은 삼국 경계 표지판을 기념품으로도 만들어 놓았다. 아주 열성적이다. 앞에서도 얘기했지만 이 국경이 만들어지게 된 전쟁에서 브라질과 아르헨티나는 승리했기 때문에 상당한 자부심을 가지고 적극적으로 기념을 하는 느낌이다. 사실 유럽이나 아시아 등 내륙 국가들은 이런 삼국 경계가 되는 포인트가 많을 텐데 유난스럽긴 하다. 우리나라처럼 사실상 섬처럼 된 국가에서 온 나에게는 신선한 관광지이긴 하지만 말이다.

　예상대로 별것은 없었다. 두 개
의 강이 만나는 지점에 3등분 된
육지가 각각 브라질, 아르헨티나,
파라과이다. 그리고 그 방향을 가
리키는 표지판은 사진 찍으려는
사람들로 줄이 길다. 저 멀리 보이
는 브라질과 파라과이를 잇는 큰
다리는 조명의 색으로 국가를 표
시했는데, 브라질 쪽 기둥은 노란
색과 초록색으로, 파라과이 쪽 기
둥은 파란색과 흰색, 빨간색이다.
각 국가의 국기 색으로 표시한 것
이다. 별것 없는 국경으로 다들 참

정말로 저 방향대로 삼국이 위치한다.

열심히다. 해가 뉘엿뉘엿 지려고 하니 가운데 커다란 분수가 있는 넓은 광
장에서 공연을 시작한다. 여러 남녀 무용수가 나와 여러 시대극을 펼치는
데 퀄리티가 나쁘지 않아 공연예술에 관심이 많은 사람은 볼만한 것 같다.
이곳 관광지는 대중교통이 배차간격이 긴 버스 한 노선만 있어 대부분 자
차를 가져오는 모양이다. 주차장의 주차 자리도 부족해 길가에도 주차된
차가 많다. 싸지 않은 입장료까지 내며 평일에 이렇게까지 모이다니, 이구
아수 폭포를 제외하면 콘텐츠가 부족한 도시라는 것에 대한 반증인듯싶다.

2018 FIFA 브라질 월드컵 때 한국 대표팀의 베이스캠프가 포즈두이구아

수였다는데 선수들이 축구 훈련 외에 딴짓하기 쉽지 않았을 것 같다. 띄엄

띄엄 공연을 보며 주변을 둘러보아도 딱히 할 것이 없다. 음식과 주류 등을

포함한 음료는 여느 관광지답게 퀄리티에 비해 꽤 비싼 가격에 팔고 있다.

더 이상 볼 것이 없는 시끌벅적한 이곳을 나와 숙소로 향한다. 이제 정말로

거의 여행의 끄트머리. 체력 관리를 더 신경 써야 할 때다. 내일 아침, 브라

질의 백미인 리우데자네이루로 떠나기 위해 일찍 잠들어야겠다.

6부

브라질 대도시 둘러보기,

리우와 상파울루

16 | 내가 알고 있는 브라질은 리우였다

브라질에서 가장 유명한 도시, 리우데자네이루

3월 7일 (24일 차)　　남아메리카 - 브라질 - 리우데자네이루

　오후 두 시쯤이 되어서야 리우에 도착했다. 이구아수보다 적도에 더 가까워졌는지 더 습하고 더 덥다. 리우 공항은 사람들로 북적북적하다. 부에노스아이레스보다 훨씬 활발한 느낌. 우리나라에선 볼 수 없는 우버 픽업 존을 찾아 숙소로 가는 택시를 잡아야 한다. 이구아수에서도 느꼈지만 브라질은 확실히 여름의 나라 이미지가 확 다가온다. 군데군데 있는 야자수와 가벼운 옷차림들. 게다가 리우는 해변 도시라 바다까지 곳곳에 보이니 이국적인 풍미를 더해준다. 리우와 상파울루는 이번 남미 여행의 최종 종착지다. 그러나 그와 동시에 정말로 치안을 조심해야 하는 곳이기도 하다. 지금까지 여러 차례 글에서 치안에 대한 얘기를 해왔는데, 브라질에서의

관련 후기들은 다른 도시들에 비해 훨씬 많은 편이다. 며칠 전 세계에서 손꼽히는 축제 리우 카니발이 있어서 그런 것도 있지만 말이다. 카니발은 소매치기 등 범죄자들의 소위 '대목'이다. 수많은 인파 속에서 혼란스러운 틈을 타 범죄가 매우 용이하기 때문이다. 그나마 다행히도 지금은 카니발은 아니지만 브라질 대도시가 가지고 있는 위험성은 절대 간과할 수준이 아니다. 늘 조심하며 다니는 수밖에. 나름 운전기사에 대한 신상 정보가 명확한 우버는 이런 곳에서 그나마 안전하다고 여겨지는 이동 수단 중 하나다. 만약 범죄를 당하더라도 내가 언제 어디서 어떤 차에 어떤 기사가 운전한 차량을 탔는지 알 수 있기 때문이다. 기사도 처음에 우버에 운전자로 등록할 때 나름 까다로운 절차가 있어 범죄 목적의 접근이 쉽지 않다고 한다. 그럼에도 우버를 탈 때면 늘 트렁크에 실은 캐리어가 걱정된다. 하차 시에 트렁크를 내리지도 않았는데 훌쩍 떠나버릴까 봐. 다행히 그런 일은 여행 일정 중에 일어나지는 않았다. 숙소는 코파카바나 해변 바로 옆이라 적당히 해변만 즐기고 리우에서의 일정은 마무리할 예정이다. 북적북적한 공항에서는 확실히 대도시의 풍모를 보이며 깔끔하고 현대적인 외관이 대부분이다. 해변으로 향하는 길은 마치 좀 더 밝고 여유로운 부산의 느낌이다. 다만 약간 멀리 보이는 공룡알 모양의 가파른 산봉우리들과 야자수들은 유난히도 이국적인 느낌을 준다. 아름다운 도시임엔 틀림없다. 무언가 이국적이고 아름다운 해안가 도시를 떠올리면 나는 이런 장면이 떠오를 것 같다. 굳이 한국의 비슷한 장소로 빗대 보자면, 미세먼지 하나 없는 맑은 공기에 뜨거운 햇빛이 함께하는 날씨에 부산의 마린시티 정도 되지 않을까. 그곳의 거리를 차로 지나가며 바다에 보이는 수많은 하얀색 요트들과 함께하는 느낌일 듯하다. 그 유명하다는 이곳의 해변들은 어떨지 궁금하다.

총천연색의 코파카바나 해변

해변가 근처로 오니 교통 체증이 꽤나 심하다. 리우에는 여러 공항이 있는데 내가 이번에 내린 산투스 두몬트 공항(SDU)에서는 숙소가 남쪽으로 해안가를 쭉 따라 차로 30분가량 거리에 위치해 있다. 공항 근처 바로 서쪽에는 센트로(Centro)라는 리우의 전통적인 구시가지가 있고, 여기서 그 유명한 리우 카니발이 있었다고 한다. 구시가지야 보면 좋겠지만 한나절이라는 제한된 시간 속에 그곳은 나에게 조금도 고려 대상이 되지 않았다. 더군다나 최근 카니발로 수많은 인파가 몰리며 소매치기와 강도를 많이 당했다는 후기가 많은 것은 덤. 적당히 해안가를 둘러보고 예수상도 멀찍이 바라볼 수 있다면 나는 이 도시에 만족할 것 같다. 아, 그런데 다른 것보다 센트로 근처에 있는 마라카낭 스타디움을 보지 못한 것은 조금 아쉽다. 지금이 브라질 프로축구 시즌이거나 하다못해 국가대표 경기라도 있었으면 나의 리우에서의 여정은 그 모양이 많이 달랐을 것 같다. 현대 축구사에 빠지지 않고 나오는 역사적인 장소인 마라카낭은 다음 기회에 볼 수 있기를. 그런데 다음 기회가 있을까? 너무 먼 곳이라 잘 모르겠다. 평소 같으면 교통체증이 지루할 법도 한데 그렇진 않다. 다만 조금씩 줄어드는 여기서의 짧은 시간이 아쉬울 뿐. 새로운 도시는 늘 처음 보는 것들에 대한 신선함과 재미가 있다. 해변가의 늘어져 있는 고층 빌딩들과 야자수들은 아주 맑고 뜨거운 여름날임에도 도시를 그늘지고 약간 어둡게 만든다. 습하고 더운 날씨와 더불어 수많은 사람들과 여러 인종이 섞여 있는 이곳은 수영복과 일상복의 경계가 없다. 그래 이런 것을 보러 왔지. 허름하고 아주 오래됐지만 나름 깔끔한 코파카바나 해변 바로 옆 호텔에 체크인을 한다. 그런데 남미에 와서 나라마다 공통적으로 한 가지 인상적인 부분은 영어를 해야 되는 사람도 영어를 못

한다는 것이다. 최소한 외국인이 많이 찾는 3성급 이상 호텔의 리셉션은 영어를 해야 할 것 아닌가! 손짓발짓 다 해가며 체크인을 겨우 하는데 시작부터 진땀을 뺀다. 이런 곳들의 공통점을 보니, 딱 한 명은 영어를 할 줄 아는데 아니나 다를까 그는 매우 바쁘다. 이곳저곳 찾는 곳이 많으니. 그리고 이건 브라질이라는 곳의 특이점이기도 한데, 나 같이 전통적이고 일반적인 루트로 브라질이 마지막 스케줄인 사람은 그동안 그나마! 익숙해져 있는 스페인어가 거의 무용지물이 된다. 브라질이 사용하는 포르투갈어는 스페인어와 거의 비슷하다는데 도대체가 단어도 다르고 기본적인 인사말, 표현도 다 다르다. 아, 두 언어 다 모르는 채로 들으면 구분이 안 간다는 것이 비슷하다는 것인가.

수많은 인파를 헤쳐 나오니 코파카바나 해변이 보인다. 어두운 빌딩 숲을 조금 나오니 시야가 탁 트이며 수평선이 보이는 개방감이 인상적이다. 그런데 바다보다는 해변을 빽빽하게 덮고 있는 사람들만 더 보인다. 3월 초 꽉 찬 해수욕장이라니. 여름이었다. 며칠 전만 해도 볼리비아와 파타고니아에서 경량 패딩을 입고 있었는데 말이다. 구름 한 점 없는 뜨겁고 습한 햇빛과 함께 각자의 자리를 잡고 해수욕을 즐기고 있는 사람들을 보며 묘한 느낌을 받는다. 바다는 뭐 다 똑같고 역시 사람 구경이 가장 재밌다. 정말 이렇게 다양한 인종과 세대가 한곳에 모인다니. 유명 해변이긴 한가보다. 하지만 내가 생각한 리우의 해변은 아니다. 무언가 평범하다. 내가 생각한 리우 해변은 저 멀리 공룡알 모양의 산이 보이고, 측면을 바라보면 건물 사이에 예수상이 우리를 바라보고 있으며 20~30대 남녀가 어울려 놀고 있고, 저쪽에선 상의를 탈의한 남자들이 비치 풋볼을 하고 있는 모습이었다. 그러나 이곳은 위치만 브라질일 뿐 해운대와 다를 것이 없다. 북적북적한 다양한 인종의 사람들과 말이다. 약간의 실망 아닌 실망을 하며 역시 해수욕장은 별것 없구나 느낀다. 그래 뭘 기대하겠어. 그래도 여기까지 왔는데 물도 들어가 보고 놀아 보아야지. 이파네마 해변은 조금 다를까?

한눈에 보이는 대도시의 빈부격차

리우의 가장 유명한 해변 코파카바나와 이파네마는 해안가에 볼록 튀어나온 곳을 경계로 각각 동쪽과 서쪽에 위치해 있으며, 두 해변은 거의 붙어 있다. 그 얘기는 즉, 여기서 이파네마까지 도보 이동이 가능하다는 것이다. 그래 뭐 할 것도 없고 계획도 없고 이파네마까지 가 봐야겠다. 리우의 이 두 해변의 주위는 세계적인 관광지답게 깔끔하고 정비가 잘 되어 있다. 이름만 들어도 알 수 있는 프랜차이즈 상점들이 즐비하고 자전거와 러닝을 즐기는 사람도 심심찮게 볼 수 있다. 흔히 선진국에서 볼 수 있는 도시의 광경이다. 코로나 이후로 브라질 경기가 안 좋다 하지만 남미 어느 나라보다 발전돼 보인다. 아, 남미에서 그중에 견줄 만한 곳은 칠레의 산티아고 정도? 그러나 리우도 산티아고도 나는 아주 일부만 본 것이기 때문에 정

리우 해변이라 하면 떠오르는 장면

확한 판단은 당연히 할 수 없다. 내일 방문할 마지막 도시 상파울루도 아직 겪어 보지도 않았으니 말이다. 다만 그런 외관과 달리 나는 어느 정도 긴장 상태다. 브라질에서는 언제 소매치기나 강도의 타깃이 될지 모르기 때문에. 딱히 위협이 느껴지지는 않으나 오히려 모르는 위험이 더 무서운 법. 빠른 걸음으로 이파네마 해변으로 향한다. 저 멀리 보이는 리우의 상징과도 같은 예수상은 내가 이곳에 온 것을 실감 나게 한다. 다만 저 커다란 예수상도 가까이 가지 않는 이상 아주 작게 보인다. 생각보다 멀고 높은 곳에 위치해 있다. 가까이서 보면 그렇게 크다던데. 역시 혼자 다니면 잡생각이 많이 난다. 그래서 좋다. 그러니 이런 글도 쓸 수 있는 것 아니겠는가.

도착한 이파네마 해변은 코파카바나와 다르다. 솔직히 코파카바나를 가 보고 다른 해변은 조금도 기대가 안 돼서 일정을 바꿔야 하나 싶었는데 이곳에 와 보기를 잘했다. 겉모습은 크게 다르지 않지만 내가 생각한 '리우의 해변'은 이곳이었다. 가족 단위 위주의 코파카바나보다 이곳은 젊은 사람들이 많아 훨씬 활기가 넘치고, 위에 말했던 리우 해변의 이미지를 모두 갖고 있다. 특히 저 멀리 보이는 공룡알 모양의 산은 정말 해변과 묘하게 조화되는 이곳의 특이점이다. 리우를 떠올릴 때 예수상보다 이 장면이 지금도 더 떠오른다. 여기 해변도 사람이 어마어마하게 많은데 이곳저곳에서는 비치 풋볼도 하며 브라질의 이미지가 그대로 담긴 모습이 내 눈에 그대로 비친다. 사실 겨우 코너 하나를 두고 붙어 있는 두 해변이 이렇게 다르게 다가온다니 새삼 신기하다. 또 누군가는 두 해변의 차이를 크게 못 느낄 수도. 사람 구경만 하는 것도 시간이 아주 잘 간다. 이구아수나 리우나 브라질에 있는 사람들은 옷차림이 아주 가볍다. 물론 지금이 여름이기도 하지만. 시내에 수영복을 입고 다니는 사람은 물론이고 무언가 훨씬 자유로운 느낌을 준다. 시스루나 남녀 할 것 없이 속살이 다 비치는 옷은 말할 것도 없다. 시내도 그런데 해변은 어떻겠는가. 한국에선 남자들이 잘 입지 않는, 작아 보이는 삼각 수영복은 흔하고 다들 그냥 옷을 훌렁훌렁 벗어버린다. 사실 처음에는 이곳이 나도 모르게 누드 비치였나 싶었는데 그건 아니었고 그냥 사람이 많은 곳에서 수영복을 갈아입을 뿐이다. 무슨 표현들이 세상 물정 모르는 19세기 후반에 미국으로 파견된 보빙사처럼 신기한 것들이 많다. 확실히 한국에서는 보기 힘든 장면이 아닌가. 예전에 호주나 스페인 바르셀로나의 해변에서 본 것과 비슷하다. 다른 점은 습하고 아주 많은 사람이 있다는 것. 흥미롭다. 리우는 이 정도면 될 것 같다.

  남미에 가지 않을 이들을 위한 기행

해변에서 한참 놀면서 보냈지만 의외로 시간이 좀 남는다. 몸은 피곤하지만 이대로 버릴 수는 없지. 해가 지기 전까지 약간 남은 시간으로 이파네마 해변 북쪽에 바로 붙어 있는 호숫가로 간다. 이곳에서 멀리서나마 예수상이 좀 더 잘 보이지 않을까. 해변과 꽤 가까운 이 이름 모를 호수는 둘레에 자전거 도로와 러닝 트랙이 있어 러닝을 하는 사람을 많이 볼 수 있다. 그리고 꽤 큰 호수 건너편에는 커다란 산이 있고 그 산 정상에 예수상이 작게 보인다. 내가 생각한 것보다 훨씬 작게 보인다. 게다가 날씨는 분명 맑은데 예수상 주변만 짙은 안개가 껴 있어서 잘 보이지 않는다. 아, 예수상의 신비인가. 페루의 마추픽추처럼 리우의 예수상도 날씨 운이 좋아야 제대로 볼 수 있다고 했는데 그 말이 맞는 모양이다. 호숫가 어딘가에 자리를 잡고 안개가 걷히기를 하염없이 기다린다. 저 멀리서 갑자기 어떤 허름한 한 남자가 호수 물속으로 들어간다. 물이 그리 깨끗하지 않은데 도대체 무엇을 하는 건가 했는데 머리끝까지 넣었다가 나오며 몸을 씻기 시작한다. 아무래도 씻을 곳이 없는 노

한참 뒤에 모습이 드러난 예수상

숙자인 모양이다. 마치 그의 모습은 영상에서 본 인도 갠지스강에서 사람들이 종교의식을 하는 모습과 유사하다. 다만 뜬금없는 그 모습이 다소 충격적일 뿐. 둘레를 러닝하는 사람들과 아주 대조적인 장면이다. 건강과 몸매를 관리할 여유와 생각이 있는 중산층 이상의 사람들과 씻을 곳이 없어 더러운 물로 온몸을 담그는 노숙자의 모습이 말이다. 아무래도 브라질 대도시의 민낯을 보여주는 것이 아닌가 싶다. 화려한 경제성장의 그늘에 가려진 그런 궁핍한 삶들 말이다.

안개가 조금씩 걷히며 예수상의 모습이 조금씩 드러난다. 거의 5분 간격으로 관광용 헬기가 예수상 주변을 돌고 돌아온다. 수십만 원을 하는 예수상 관람 헬기는 조금 전 몸을 씻는 노숙자의 모습의 충격에서 벗어나기도 전이라 그 느낌이 괴이하기 짝이 없다. 심지어 팔을 벌리고 도시를 품는 예수상의 방향은 부촌이고 등진 방향은 빈민촌인 파벨라라고 한다니 그것도 참 희한하고 슬픈 우연의 일치가 아닌가. 노숙자의 모습을 보지 못했다면 이곳에 대한 나의 감상은 확연히 달랐을 수도 있다. 화려하고 아름다운 해변과 대비되는 민낯. 빈부 격차의 모습은 어느 도시에나 있지만 이렇게 노골적으로 보이는 것은 당연히 유쾌하지는 않다. 브라질의 도시를 겪을수록 자꾸 인도에서 본 모습이 생각나는 것은 우연이 아닐 것이다. 뭐 어쩌겠는가. 경제가 급성장한 나라들은 필연적으로 이런 부작용을 겪는다. 나 같은 여행자들은 보고 안타까워하는 것 말고는 크게 할 수 있는 것이 없다. 브라질은 참 복합적인 감정이 들게 하는 국가다. 상파울루는 조금 다를까. 해가 뉘엿뉘엿 지려고 하며 점점 어두워진다. 이 도시의 빛이 사라지기 전에 얼른 돌아가야겠다.

17 | 불안한 치안을 처음 만나다, 남미 최대 도시 상파울루

나를 살린 쓰레기봉투

상파울루에서는 숙소를 예약할 필요가 없다. 이곳에서는 숙박 없이 내일 새벽 1시 비행기로 한국으로 돌아가기 때문이다. 나의 남미에서 마지막 도시인 상파울루는 남미에서, 아니 남반구에서 가장 큰 도시이다. 이곳의 구 아룰류스 공항(GRU)도 가장 커서 남미의 대표적인 허브 공항으로 뉴스에서는 늘 이곳이 언급된다. 이번 상파울루 방문과 출국까지 모두 같은 공항인 데다가 숙소가 없으므로 공항 내에 짐을 맡겨야 한다. 그런데 공항이 너무 커서 결국 찾았을 때는 진이 다 빠졌다. 남미에서 가장 크고 대표적인 도시인 상파울루를 그것도 마지막에 방문한 것에 의미가 있지만 사실 큰 기대가 되지는 않는 곳이다. 대도시라고 해봤자 출장을 온 것도 아니고 19

상파울루 중심부에 위치한 대성당

세기 후반부터 커진 도시라 딱히 내 기준에는 역사적으로도 중요한 의미를 가지고 있다고 볼 수 없기 때문이다. 이 대륙에 처음 도착한 페루의 수도 리마와 비슷한 것이다. 그러나 이 거대한 도시는 남미에서의 위상이 매우 높아 꽤나 많은 곳에서 언급된다. 아무래도 기업들이 남미의 사업적인 거점으로 삼거나 뉴스 등에서도 대표적인 곳으로 자주 언급되기 때문이다. 우리에게 익숙한 비슷한 느낌의 도시로는 아마도 싱가포르, 중국의 상하이, 인도의 뭄바이 정도가 있겠다. 19세기 말 또는 20세기 초, 오로지 경제적인 거점으로서 성장한 대도시의 관점에서 말이다. 이 도시들과 차이점은 상파울루에는 바다와 닿는 직접적인 항구가 없다는 점이다. 물류의 중심이 되어야 하는데 바다가 없다? 사실 지도상으로는 바다와 아주 가까이 있지만 해안가에 커다란 산맥이 버티고 있어 가까운 항구 도시인 산투스가 그 역할을 대신한다. 그 관계는 서울과 인천을 생각하면 편하다. 그런데 뭐 하루 있는 여행객에게 이런 것들이 뭣이 중허겠는가. 그냥 한 번

들러 보는 거지. 게다가 리우에서와 마찬가지로 이곳의 치안은 늘 이슈이
니 당장 눈앞에 닥친 현실부터 마주해야 한다.

짐을 맡기고 상파울루 시내로 향
한다. 커다란 이 공항에서 흥미로
웠던 점은 바로 우버가 공항 안으
로 못 들어온다는 것이었다. 공항
내 혼잡을 우려하여 실제 택시들만
진입이 가능한데 우버는 공유차량
이지 법적으로 택시는 아니기 때문
에 출입이 불가하다. 다만 이에 대
한 타개책으로 공항 외부로 통하는
길에 '우버 존'을 만들어 우버의 수
요를 그대로 유지, 아니 확대했다.
리우와 동일하다. 공항에서 앱을
켜면 우버 존으로 안내해 그곳에
서 내가 부른 우버 차량을 탑승할
수 있다. 생각해 보니 칠레 산티아
고에서도 그랬던 것 같다. 뭐가 이
렇게 불편하나 했는데 우버 존에는

상당히 많은 사람들이 우버를 기다리고 있고 그곳엔 카페나 음식점 등 대기자들이 시간을 보낼 수 있는 엄청난 상권이 형성되어 있었다. 그래, 이렇게 치안이 불안한 도시에서 누가 지역 택시를 선호하겠는가. 결국은 우버를 선택할 수밖에 없는 구조다. 무언가 이전 남미 국가나 도시들에서 보기 힘들었던 디지털화된 모습이 브라질에서는 심심찮게 보인다. 생각해 보면 남미를 벗어나더라도 꽤 한국만큼이나 디지털화가 많이 된 느낌이다. 물론 외국인 방문객인 내가 느끼기엔 한계가 있겠지만 다른 국가들보다 훨씬 디지털 친화적인 경향이 강하다. 아무래도 중국과 인도가 그랬듯 땅덩어리가 큰 국가들은 디지털화를 추진할 수밖에 없다. 기존 아날로그 방식의 유선 기반 인프라는 구축하는 것이 효율적이지 않기 때문이다.

이 거대한 도시에서의 첫 행선지는 마르코 거리다. 이게 정식 명칭인지도 모르겠다. 구글맵에서는 'R. Vinte e Cinco de Março – Se'로 나오는데 실제로 뭐라고 부르는지는 모르기 때문에 그냥 사람들이 부르는 대로 부른다. 한국으로 치면 명동 거리 정도 느낌 이래서. 상파울루에 오기 전에는 도시 내 어딜 가야 하나 생각보다 조금 고민이 되었다. 축구라도 했으면 경기나 봤을 텐데 하필 시즌도 아니었고, 별 특색 없는 이 큰 도시에 마땅히 갈 곳도 없다. 그 와중에 앞에 계속 얘기하고 있는 치안 문제도 겹쳐 그나마 가볼 만해 보이는 곳들도 제거된다. 그래서 크게 명동 같다는 마르코 거리와 서울의 테헤란로와 종로를 합친 느낌이라는 파울리스타 거리만 가기로 결정하게 됐다. 도착한 마르코 거리에 대한 아주 솔직한 내 심정은 음, 인도 같다. 아무리 보아도 인도 같다. 조금 다르다면 어두침침한 인도의 분위기와는 다른 더 밝은 느낌이랄까. 아마 강렬한 한여름의 햇빛도 한 몫했을 것이다. 또 인도와 비슷하다고 느낀 포인트는 사람이었다. 일단 이곳에는 어마어마한 사람들이 있다. 마치 전성기에 중국인으로 가득 찬 명동거리 같다. 도로 양옆엔 월세를 지불하는 가게들과 통로에 점거된 노점상으로 꽉 차있고, 차로는 왕복 4차선 규모지만 노점상과 불법 주차로 북적한 덕에 차량이 지나다니기 힘든 구조다. 더군다나 이 수많은 인파들이 간헐적으로 차도로 튀어나오고 하니 말이다. 정말로 이곳은 정신이 없다. 한 손에는 폰을 꼭 쥐고 이런 곳에 꼭 있을 소매치기를 본능적으로 조심하게 된다.

이곳에서 무언가 살 것이 있나 살펴보았으나 잘 모르겠다. 워낙 이런 쇼핑에 크게 관심이 없기도 하고 더군다나 쏙 빠진 정신에 여유롭게 구경할 의지가 도저히 생기지를 않는다. 빽빽한 상점들은 자세히 보니 상점 사이사이 안으로 들어갈 수 있는 통로가 보인다. 살짝 들어가 보니 내부엔 또 다른 세계가 펼쳐져 있다. 이렇게 번화했는데 이런 뒷골목이 없을 리가 없지. 내부는 을지로의 세운상가 건물 안과 비슷하다. 세운상가야 익숙하기라도 하지. 또 다른 세계라는 것은 긍정적인 의미가 아니다. 들어갔다가 누가 나를 낚아채 무언가 가치 있는 것을 요구해도 다 내어줄 수밖에 없을 것이다. 이런 곳 특유의 어두운 조명과 오래된 건물 내장재가 주는 분위기는 여전히 으스스하다. 다만 사람들의 소음으로 어느 정도 가려질 뿐. 꽤 많은 거리를 걸은 듯하다. 메인 거리를 벗어나니 조금 한산해지는데 슬슬 배가 고프다. 홀로 다니는 여정일 때는 늘 그랬듯 길모퉁이에 보이는 식당으로 들어가 보았다. 노점과 실내가 연결돼 있고 한낮에 맥주와 식사를 즐기는 평범하고 허름하며 북적 한 식당이었다. 그러나 웬걸, 그 시끌벅적한 사람들이 내가 들어가니 갑자기 조용해지며 시선이 집중된다. 굉장히 부담스럽고 당황스럽다. 동양인은 설마 처음인 것인가. 이런 곳에선 밥을 편하게 먹을 수 없으니 발을 돌려 다시 갈 길을 간다.

길이 점점 한산해지는데 앞쪽에 또 다른 수많은 인파가 보인다. 자세히 보니 다름 아닌 노숙자들을 위한 무료 급식소인 듯하다. 저쪽엔 사람들끼리 싸움을 했는지 앰뷸런스가 와서 응급 치료를 하고 있다. 이때 심각성을 알았어야 했지만 여전히 깨닫지 못한 상태였다. 목적지였던 대성당까지 걸음을 계속한다. 갈수록 느낌이 쎄하다. 날 쳐다보는 눈빛들이 예사롭지가 않다. 이게 어떤 느낌이냐면 영화 〈인셉션〉에서 꿈속의 사람들이 주인공을 조금씩 인지했을 때 쳐다보는 눈빛과 비슷하다. 분명 모르는 사람인데 이 세계에 어울리지 않는 낯선 이방인을 한 번씩 쳐다보는 것. 심지어 그중 일부는 시선을 피하지 않고 계속 나를 주시한다. 이것은 나중에 알게 된 사실인데 이 길의 종착지인 대성당은 상파울루 구시가지의 가장 중심지이자 최대 우범지대라고 한다. 어쩐지 갈수록 점입가경. 눈빛들이 점점 노골적인 것이 느껴진다. 기분 탓인지는 모르겠지만. 아까 브라질 커피 원두를 사려고 잠시 들른 마트에서 준 쓰레기봉투를 들고 다녀서 아마 현지인으로 착각한 것일까. 직접적인 접근이나 위협은 없었다. 아주 다행히도. 쓰레기봉투가 나를 살려준 듯하다. 이 도시와 어울리지 않는 크고 멋진 대성당은 구경도 못하고 우버를 타고 재빠르게 이동한다.

지구 반대편, 사람 사는 곳, 그리고 마무리

자, 이제 상파울루에서 가장 안전하다는 파울리스타 거리로 이동한다. 벌써 오후 시간이 되었다. 나는 이곳에서 남미의 여정을 마무리해야 한다. 이곳이 안전하기도 하고, 나는 지치기도 했고, 또 별로 다른 곳을 가고 싶다는 의지도 호기심도 없다. 무사히 공항으로 가서 집에 가야지. 파울리스타는 오래된 고층 건물들이 대로를 따라 쭉 진열돼 있다. 서울 강남의 테헤란로 옛 건물들을 그대로 놔뒀다면 이 모습이었을까. 그 모습은 나름 익숙하면서도 신선하다. 마치 서울과 지구 반대편에 같은 모습의 지역을 만들어 놓고 20~30년 뒤에 결과를 지켜보는 느낌과 유사하다. 파울리스타 거리의 건물들이 낙후된 것은 아니다. 단지 오래된 건물들을 잘 리모델링해서 사용하는 것으로 보인다. 그리고 신축 건물이 없는 것도 아니다. 서울처럼 거대 복합 쇼핑몰이 있기도 하니 가장 부유하고 번화한 거리답다. 문제는 이런 곳에서는 특별히 할 것이 없다는 것이다. 사실 서울과 비슷한, 아니 대부분 현대 도시와 비슷한 곳에서 특별한 경험을 찾기란 힘들다. 이렇게 특징 없고 사람 모이는 도심지의 유이한 매력은 비즈니스나 사람인데, 당연하게도 비즈니스는 이번 방문엔 조금도 해당되지 않는다. 그러나 정말 신기하고 운이 좋게도 나는 이곳에서 사람을 만날 수 있었다. 약 10년 전 입사한 지금 회사 신입사원 연수에서 만난 동기 형이다. 지금 서로 다른 길을 걷고 있다. 선하고 외향적인 그의 성향에 늘 주변에 사람이 많았던 기억이 남아있다. 사회생활이 늘 그렇듯 10년간 큰 교류는 없었고 SNS에서만 소식을 알아왔는데 마침 이 형이 상파울루에 있다고 한다. 반갑게도. 리우 카니발 기간에 친구들과 방문하여 아직 상파울루에 머물고 있었던 것이다. 서울에서는 만나지도 못했는데 상파울루에서 만나다니. 신기하지 않을 수가 없다. 그것도 지구 반대편에서!

저녁 약속 전까지 시간이 꽤 남았다. 서울에서도 그렇고 여기서도 그렇고 도심지에서 홀로 할 수 있는 것은 생각보다 많지 않다. 체력과 의지가 좀 더 남아있다면 또 모를까. 오늘 늦은 밤 한국을 향하는 비행기를 타고 푹 쉴 생각에 노곤하다. 그럼 할 수 있는 것은 무엇인가. 남은 체력으로 돌아다니며 구경하기, 카페에 앉아 죽치고 쉬기. 먼저 좀 돌아다녀 보기로 한다. 개인적으로 아르헨티나나 브라질에서 축구 유니폼을 사고 싶었으나 의외로 크게 마음이 가는 팀이나 디자인이 없다. 그 와중에 스포츠용품을 파는 큰 쇼핑몰에 들어갔더니 브라질 상파울루 연고의 프로축구팀인 팔메이라스의 원정 유니폼이 눈에 확 띈다. 근데 이게 십몇만 원 주고 살만한 가치가 있나 싶어 망설이다가 손에서 놓았다. 집에 몇 개 있는 것도 안 입는데 뭘. 그러다 눈에 들어온 것이 있었으니 거대한 스크린 하나를 두고 플레이스테이션 피파 게임을 하고 있다. 누구나 할 수 있도록 개방적으로. 여기서 플레이스테이션 게임이라니. 정말 이곳도 내가 살던 곳과 크게 다르지 않고 반갑다. 예전에 터키나 우즈베키스탄 여행에서도 비슷한 경험이 있었는데 지구 반대편에서도 똑같다니. 나도 느낄 정도로 글에서 지구 반대편이라는 말을 많이 사용하는데, 그만큼 물리적으로 가장 먼 곳에서 느끼는 것들은 다른 곳에서의 것들과 조금은 남다르다. 이번에도 지구 반대편에서 이렇게 반가울 수 있는 공통된 관심사와 활동들이 있다는 것이 새삼 신기하다. 종합적으로 보면 전 세계적 공통 관심사가 축구, 게임, 넷플릭스, 음식, 술 정도인 듯하다. 의외로 K-POP은 생각보다 주류는 아니다. 워낙 열성적인 팬이 많다 보니 그래 보이기도 하는데, 세계적인 인지도가 있어 보이는 K-POP 곡은 로제의 〈APT〉나 싸이의 〈강남스타일〉 정도로만 보인다. 아무튼 이런 세계적인 공통 콘텐츠는 외국인 친구를 만나는데 아주 자연스럽고 효과적이다. 마침 심심했는데 한참을 구경하고 나도 한 판 해보았다. 서울과 조금도 멀리 있다는 생각이 안 든다. 적어도 지금 이 순간은.

파울리스타 대로변이 갑자기 어수선하고 큰 앰프 소리로 시선을 끈다.

무슨 일인가 봤더니 대로 중 두 차선을 점거한 어떤 퍼레이드가 진행 중이다. 며칠 전 있었다는 카니발의 뒤풀이 같은 것인가. 그러기엔 무언가 분위기가 익숙하다. 축제 같지도 않고. 그래서 오늘이 무슨 날인가 했더니 국제 여성의 날이다. 누군가는 마이크를 들고 포르투갈어로 선거 차와 비슷한 트럭 위에서 웅변을 하고 있다. 동시에 그 주변에는 보라색 옷과 깃발을 든 사람들이 길을 따르며 호응을 한다. 이 행렬은 마치 서울 종로 거리의 연등 행사처럼 아주 길고 그 구성도 다양하다. 심지어 드문드문 팔레스타인 국기도 보인다. 아마도 이스라엘–팔레스타인 전쟁으로 팔레스타인 전쟁 피해 여성 인권 신장 메시지를 담으면서 거기에 독립 지지 의지 또한 넣은 듯하다. 역시 어디든 이런 큰 집회에서는 여러 의지들이 섞이기 마련이다. 이곳도 이곳만의 문제와 갈등이 있겠지만 전체적인 모습은 우리나라의 모습과 크게 달라 보이진 않는다. 이렇게 질서 정연한 시위나 집회가 가능한 것은 적어도 여기가 독재 국가는 아니라는 것을 의미한다. 아무튼 참 여러모로 남미는 새삼스러운

것들이 많다. 편견으로 가득했나 보다.

오랜만에 만난 형은 그대로였다. 바뀐 것이 없이. 10년이란 세월이 있었는데도 그대로의 모습. 변화한 것은 나뿐인가? 갑자기 새삼 세월이 체감된다. 이곳에 지인이 있는 형은 내가 이 도시에서 간 곳들이 생각보다 위험한 곳이라고 알려주었다. 그래, 나도 마지막에 느꼈지. 안전하게 이번 여정을 거의 마무리하고, 내가 살던 안전한 곳으로 갈 수 있음에 감사하게 된다. 우리는 한국에서 다시 보기로 하고 짧은 저녁 식사 만남을 마무리했다. 이러한 인연이 있음에도 감사한다. 헤어짐과 동시에 이제는 남미의 여정도 마무리해야 한다. 길지도 않고 짧지도 않았다. 약간의 불안감이 있기도 했던 상파울루에서 여유 시간이 많았다는 것은 그 나름대로 또 생각을 정리할 수 있고 마무리를 할 수 있어서 긍정적이다. 마지막 도시에서의 여유로운 마무리. 얼마나 이상적인 여행의 끝맺음인가. 보통 남미 여행에서 브라질을 빼곤 하는데 확실한 것은 오지 않았으면 꽤나 후회했을 것 같다. 물론 대국의 큰 도시 3개만을 가본 것이어서 전체를 판단하기엔 너무나 섣부르고 다른 도시나 지역도 가봐야 할 곳이 많지만 말이다. 진심으로 또 올 수 있는 기회가 있기를 바란다. 아직도 이 나라에는 가봐야 할 곳이 너무나 많다. 상파울루 구아룰류스 공항을 향하는 길, 이번 여행은 후회도 미련도 없다. 꽤 여행을 다녀봤지만 이런 생각이 든다는 것은 매우 드문 일이다. 아니 드물게라도 있었나? 아주 깔끔하고 더할 나위 없는 마무리. 여정의 초기 들렀던 페루나 볼리비아는 벌써 까마득하다. 그때 만난 사람들은 잘 있나. 손에서 바스락거리는 쓰레기봉투가 이따금 집으로 향하는 발걸음을 상기시켜 준다. 며칠 뒤면 원래 살던 곳에서 다시 이어갈 일상은 당분간 이 여행 기억을 원동력으로 이어가겠지. 어둑해지는 남미 최대의 도시는 이제 뒤로 멀어진다.

브라질 Brazil

수도	브라질리아 Brasilia
인구(2025)	2억 1,281만 명
국토 면적	8,515,767㎢(우리나라의 약 85배)
민족 구성	메스티소 48%, 백인 43%, 흑인 8%
종교	가톨릭 65%, 개신교 22%
공용 언어	포르투갈어

경제 규모

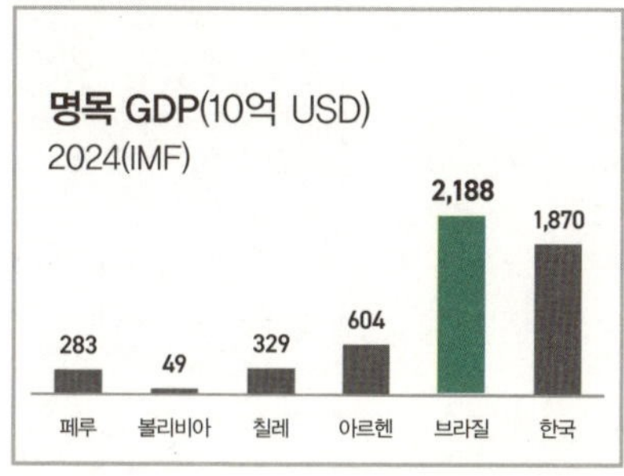

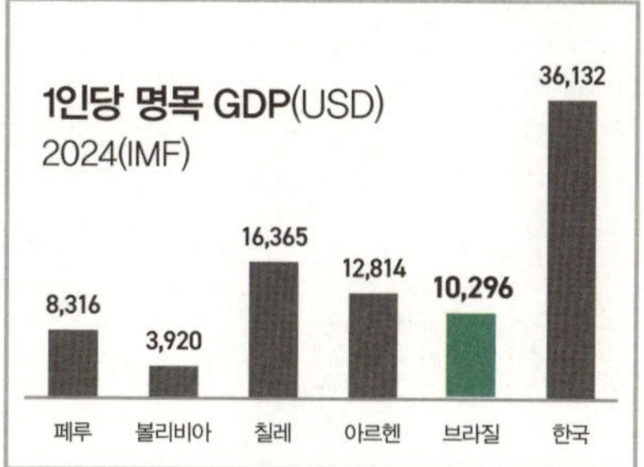

무역 규모

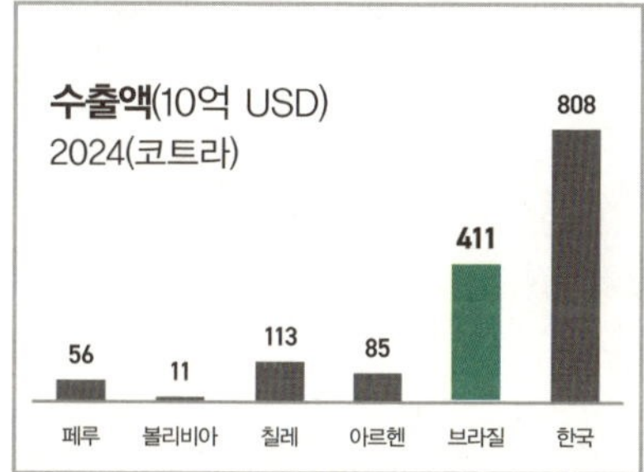

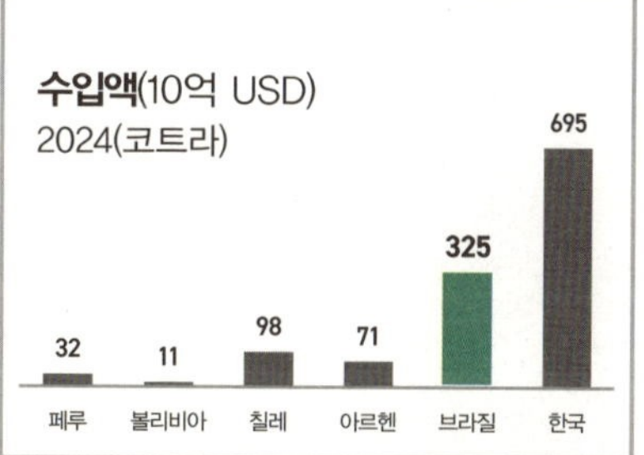

수출 품목: 콩 15%, 철광석 12%, 원유 11%, 설탕 7%, 육류 6%

수입 품목: 기계류 16%, 화학 13%, 석유제품 12%, 전자 9%, 자동차 8%

7부

여행의 시작과 끝,

집에서 남미를
오가는 여정

18 | 긴 여행 끝,
잠시 스쳐간 에티오피아

아쉬움도 없이 이제 남미를 떠날 차례. 한밤중 먼 고국으로 돌아가는 발걸음은 아직 가볍다. 후회 없는 여행을 해서 그런가. 다만 탑승 시간까지 남아 있는 긴긴 시간을 공항에서 어떻게 보낼지는 아직 남아 있는 숙제다. 남미 최대 허브 공항답게 이곳은 커도 너무 크다. 터미널도 서로 연결되어 있어 굳이 걸어보고 싶다면 터미널 투어를 할 수 있다. 본의 아니게 내가 해 보았기 때문에 알 수 있다. 항공편은 새벽 1시인데 해지기 전에 도시를 떠났으므로 공항에는 매우 일찍 도착해 버렸다. 수속 카운터가 열리지도 않은 상태. 그 와중에 카운터 번호도 아니고 무려 터미널이 이곳저곳으로 바뀌어 괜히 미리 가 있으려다가 정말 말 그대로 헛수고를 몇 번이나 했는지 모른다. 비행기에서 얼마나 푹 자려고 짐도 다 들고 남은 체력을 거의 끝까지 다 써 버렸다. 어휴! 우여곡절 끝에 출국 수속을 마치고 찾은 라운지는 무언가의 오류로 입장 불가. 긴 남미 여행보다 오히려 마지막 공항이 아주 스펙터클하다. 안 좋은 쪽으로. 지친 몸을 이끌고 드디어 비행기에 탑승한다. 다행히 비행기는 아주 쾌적하다. 이제야 집으로 돌아가는 길이 실감 나기 시작하며, 영화 같았던 남미에서의 약 한 달간 장면들이 스윽 지나간다. 언제 다시 돌아올 수 있을까.

　귀국의 여정은 상파울루에서 인천공항으로 가는 가장 빠른 길을 선택했다. 바로 에티오피아의 아디스아바바 경유 항공편. 지구 반대편을 일직선으로 그어 최단 거리로 한국 땅을 향한다. 이것이 생소한 항공사인 에티오피아 항공을 고른 가장 큰 이유다. 여기에 더불어 아프리카 대륙이라니. 운이 좋으면 스톱오버도 가능하지 않을까 했었다. 물론, 남미 대륙 하나로도 시간도 체력도 부족할뿐더러 또 관광 비자도 따로 필요하여 과감하게 제외했다. 볼리비아 비자로 쩔쩔맸던 것을 생각하면 어휴, 별로 투입하고 싶지 않은 노력임에는 분명한 듯하다. 에티오피아 항공과 아디스아바바 공항에서의 간접 경험으로 만족해야겠다. 처음 보는 에티오피아인, 그러니까 에티오피아 항공 승무원들과 승객들은 꽤 인상적이다. 에티오피아인들은 전체적으로 체형이 머리가 작고 팔다리가 길쭉길쭉하다. 전형적인 패션모델들이 자연스럽게 떠오른다. 승무원의 경우에는 더더욱 그런 것 같다. 인상적이다. 처음에 에티오피아 항공의 불친절한 서비스 등에 대한 불만들이

엄청난 인파의 아디스아바바 공항. 아프리카 허브 공항의 면모를 보인다.

리뷰로 조금 있었으나 나는 그런 것을 느끼지 못했다. 그냥 평범한 해외 국적기로 타국가들의 국적기와 큰 차이점을 느끼지 못했다. 단지 생소한 항공사로서 또는 더 보기 드문 아프리카 항공사라는 점에서 일부 편견도 작용했을까? 실제로 그런 불편함이 있다가 개선됐을 수도 있다. 알고 보니 에티오피아 항공은 의외로 인천-도쿄 나리타를 자주 오고 가는 사람들에게 이미 꽤 알려진 항공사였다. 아디스아바바에서 인천, 도쿄 직항 노선을 각각 확보하지 않고 아디스아바바-인천-도쿄 이런 순으로 설정했다. 아마도 수요가 각각은 안 나오니 만든 노선으로 보인다. 그런데 딱히 저렴한 편도 아니고 생소한 이 항공사를 인천-도쿄 왕복으로 사람들이 선호하는 이유는 따로 있었다. 바로 수하물이 2개까지 별도의 추가금 없이 포함된다는 것. 장거리 노선의 일환이니 짧은 구간 이용 고객이 혜택을 같이 본 것이다. 모종의 이유로 짐 많은 사람들에게는 꽤나 괜찮은 선택지임에 분명하다.

에티오피아라는 나라는 다들 들어봤겠지만 아디스아바바라는 아주 낯선 이 도시는 사실 아프리카에서 남미의 상파울루와 비슷한 위상을 가진 도시다. 물론 아디스아바바가 아프리카 최대 경제도시 또는 인구가 많은 도시냐라는 질문에는 물음표가 붙지만, 이곳은 에티오피아 정부의 오랜 주도하에 발전 중이다. 아디스아바바 공항이 아프리카 최대 허브 공항으로 자리매김한 것도 그 흐름 중 하나다. 그렇게 예전에는 없던 아프리카-한국 직항도 함께 생긴 것. 에티오피아는 여전히 여러 부족으로 나뉘었고 복잡한 현대사를 가져 정치 문제가 산재하지만 오랫동안 누적된 잠재력으로 점차 성장하고 있다. 그중에서도 특히 아디스아바바에 열심히 힘주고 있다. 또 생각해 보면 같은 내륙 국가인 남미의 볼리비아는 아프리카의 에티오피아가 괜찮은 롤 모델이 될 수 있겠다. 두 국가는 이웃 국가에 해안 영토를 빼앗겼고, 약간 치우쳤지만 대륙의 중심에 위치하는 점이 공통점이다. 볼리비아는 현재 정책적으로 상당한 고립주의를 택하고 있는 것이 차이점이지만 말이다.

마침 볼리비아에서의 시간들을 떠올리니 벌써 여행 초반도 까마득하다. 길긴 길었구나. 아디스아바바공항에 도착하니 남미 대륙을 떠났다는 실감이 난다. 그 와중에 착륙할 때 보이는 높고 정갈한 빌딩들이 놀랍다. 도대체 아프리카를 뭐로 생각했던 것인지. 남미도 아프리카도 얼마나 편견에 사로잡혀 있었는지 다시금 깨닫는다. 돌이켜보면 편견이 있을수록 그것이 깨지는 그 여행은 더 기억에 남는다. 아마 이번 여행도 그렇지 않을까. 여러모로 특별한 경험이 아닐 수 없기에. 이젠 그곳도 멀어졌지만 이런 아쉬움도 조금은 있어야 기억에 잘 남는 듯하다. 생각나면 또 가면 되지. 북적한 아디스아바바 공항은 무언가 낯설면서도 정겹다. 현지의 느낌이 군데군데 물씬 배어 있다. 에티오피아가 사용하는 그으즈 문자는 얼핏 보면 이스라엘에서 사용하는 히브리 문자와 비슷하게 생겼다. 아무래도 기원이 같으니 그렇겠지 싶으면서도 어떻게 읽는지 감도 오지 않는다. 이 낯선 국가는 남미 여행의 마지막 기착지로 아주 만족스럽다. 이야깃거리가 한가득 생기니 말이다. 공항 말고도 다음에 이 도시로 다시 올 수 있는 기회가 꼭 있기를. 면세점에 가서 그 유명하다는 에티오피아 원두를 좀 구매해야겠다. 이미 구비해 놓은 브라질 원두와 비교해 봐야지.

맨 뒤에서 보는 프롤로그:
악명의 LA 공항, 2시간 환승을 뚫어라

여행을 시작하기 한참 전부터도 가장 걱정이 되는 부분이었다. 바로 미국 공항에서의 환승. 남미로 향하는 출발 항공편 확정 후에 알게 되어버린 이 악명은 꽤 충격적이었다. 여러 환승 등을 포함해 비행기를 꽤 많이 타본 입장에서 미국 공항에서의 환승이 유별나게 짜증 나는 이유는 다음과 같다. 먼저, 환승만 하는데도 출입국 심사를 처음부터 다시 해야 하는 엄청난 번거로움이 있다. 그리고 거기에 더해 원체 까다로운 출입국 보안 시스템이 있으며, 거기에 마침 트럼프 미국 대통령이 두 번째 당선으로 입국 외국인에 대한 경계가 심화된 상황이었다. 그리고 또, LA 공항은 특히 규모에 비해 많은 사람들이 몰리는 허브 공항이라는 것이다.

항공권은 eDreams라는 스페인 여행사에서 구매했는데 이곳은 나름 유럽권에서 꽤 공신력이 높은 곳으로 깔끔한 앱도 제공한다. 여기서 별다른 의심 없이 저렴하고 괜찮아 보이는 것을 기분 좋게 바로 구매했는데… 여기서부터 꼬였다. 김포공항에서 출발해 도쿄 하네다를 경유하여 LA로 향하는 일본항공(JAL) 구간에, LA에서 페루 리마로 향하는 라탐항공(LATAM) 구간이 한 상품이었다. 그런데 다른 것은 다 괜찮은데 LA 공항에서의 환승 시간이 오직 2시간 5분으로 책정되어 있었던 것이다. LA 공항 환승의 악명을 미리 알았더라면 절대로 사지 않았을 것이다. 취소도 변경도 어려운 이 저렴한 항공권을 어떻게든 바꿔보려 노력했지만 헛수고였다. 그 과정에서 이것저것 알아보다가 알게 된 사실은 LA 공항이 최소 환승 가능 시간을 2시간으로 해 놓았다는 것이다. 이건 정말 양심도 없는 탁상행정의 표본이다. 결론적으로는 2시간 환승을 뚫어야 나는 리마로 갈 수 있다.

이제는 이 상황에서 최선의 방법을 찾아야 한다. LA 공항에서 시간이 크게 소요되는 요소는 두 가지다. 줄이 아주 긴 입국 수속과 언제 나올지 모르는 위탁 수하물. 이 두 요소의 시간만 아낄 수 있다면 2시간 환승은 가능할 것으로 보였다. 다행히 2024년 즈음 도입된 것으로 보이는 페스트 트랙(fast track)이 있어 입국 수속 소요 시간은 단축이 가능해 보였다. MPC(Mobile Passport Control)라는 앱을 설치하여 등록하면 우리나라 공항에서 지문과 여권만 찍고 수속이 완료되는 절차와 비슷해 보였다. 다행히도 MPC는 한국인이 사용할 수 있는 시스템이었다. 그럼 수하물은 어떻게 해야 하지? 이것은 약간의 희생이 필요했다. 아무래도 한 달간의 여행이니 짐도 많지만 기내 수하물로 가져가 시간을 아끼는 것이었다. 남미 내에서 이동하는 전 구간 가능하면 위탁 수하물을 신청해 두었지만 지금 그런 것들을 따질 때가 아니었다. 그리고 어차피 옷도 빨아 입어야 해서 한 달 가까운 여행 기간에 매일매일의 옷이 필요한 것도 아니니 말이 안 되지 않았다. 기내용 캐리어에 꾸역꾸역 짐을 싸 넣어 내 짐이 언제 나오는지 기다리는 시간은 아예 삭제해 버렸다. 그래서 그 결과는?

결론적으로 LA 공항에서의 2시간 내 환승에 성공했다. 그런데 반전은 앞에 준비한 것들을 아무것도 활용하지 못했다. 도쿄 하네다 공항에서 20분 출발 지연하여 LA 공항 B 터미널에 늦게 도착했을 때 가뜩이나 부족한 시간이 더 빠듯해져 마음이 급해졌다. 그런데 공항에서 내리자마자 반가운 소리가 들렸다. LA 공항 직원이 "리마!"를 외치며 리마를 환승하는 사람을 한곳에 모으고 있었다. 이미 명단을 가지고 있어서 출석도 부르고 있었고 나를 포함 8명 정도였는데 8명 중 4명은 일본인, 3명은 남미 사람이다. 그 직원을 따라가서 일단 외교관이나 승무원들이 받는 입국 수속 줄에서 MPC가 아닌 별도의 페스트 트랙 수속을 받았다. 일반 줄보다는 워낙 짧은 줄이었지만 입국 수속 자체는 그다지 빠르지 않았다. 우여곡절 끝에

SNS에서 많이 본 곳을 이렇게 보게 될 줄은 몰랐다. 기억에 오래 남을 듯하다.

입국 수속이 종료되고 이제 위탁 수하물을 찾으러 간다. 오, 그런데 다른 직원이 이미 위탁 수하물들을 받아 놓아 시간을 크게 절약해 줬다. 참고로 나를 제외한 7명은 모두 위탁 수하물이 있었다. 이럴 거면 나도 위탁할 걸 그랬지 했지만 이게 예상 가능한 시나리오는 확실히 아니다. 아무튼 이제 다 끝난 줄 알았는데….

생각 외로 시간을 많이 잡아먹은 것은 출국 수속이었다. 특히 보안 검사에서는 줄도 워낙 길었고 신발까지 벗으란다. 그런데 무엇보다 그곳 직원들의 손이 일부러 그러나 싶을 정도로 느렸다. 생각해 보니 우연히도 트럼프 대통령 1기 때 방문했던 JFK 공항도 비슷했던 기억이 불현듯 떠오른다. 그러면서 더 황당했던 것은 나의 기내용 캐리어가 보안에 걸렸는데 캐리어 안에 있던 '물티슈'가 문제라는 것이다. 돌려주긴 했는데 그 안에 같이 있는 핸드크림, 폼클렌징 등은 문제가 안 되고 물티슈가 문제다? 아직도 이해가 가질 않는다. 아무튼 꽤 길게 느껴진 인내의 시간을 거치고 정말 아슬아슬하게 비행기에 탑승했다. 시작부터 진이 다 빠져 버린다. 아마 다시는 미국에서 환승은 시도하지 않을 것 같은데, 하더라도 아주 넉넉한 시간이나 아예 다음 날 떠나는 레이오버를 선택하지 않을까 싶다.

총 25시간의 역대 최장 거리의 비행 끝에 드디어 도착한 리마. 공항 근처의 위험하고 허름한 숙소가 날 맞아준다. 시작부터 퀘스트를 너무 어렵게 잡았나 보다. 눈으로 직접 보니 안 되겠다 싶어 며칠 뒤 가는 비슷한 조건의 칠레 산티아고 숙소를 안전하고 깨끗한 곳으로 당장 옮겨 버렸다. 좁은 침대에 고단한 몸을 눕히면서 내일부터는 여행을 좀 즐길 수 있길 바라며. 장대한 남미 여행, 드디어 시작이다.